"Om det någon gång känns svårt, tänk på humlan,
humlan kan egentligen inte flyga, den är för tung,
men det vet inte humlan om så den flyger ändå."

- Humlan flyger igen -

Wherever life plants you,
bloom with grace

Karin Malmström

Karin Malmström
En mamma på villovägar
i vårdapparatens labyrinter

Omslagsteckning: Camilla Bergman

Copyright © Karin Malmström

Förlag: BoD – Books on Demand, Stockholm, Sverige

Tryck: BoD – Books on Demand, Norderstedt, Tyskland

ISBN: 978-91-7969-912-3

Du vet inte vem jag är

Du vet inte vem jag är, men du kan se mig nästan överallt. Du kan ana att det är något som inte stämmer, då du ser mig gråta inne på damrummet. Eller då du märker att jag ofta måste fråga hur jag ska bära mig åt med saker och ting.

I kön på Ica, när jag glömt koden då jag ska betala varorna. När jag krånglar då jag ska betala bussbiljetten. När jag ramlar i rulltrappan. När jag råkar cykla omkull. När jag glömmer pengarna i bankomaten.

Om du möter mig på gatan någon dag och frågar hur jag mår, så svarar jag förmodligen med ett litet leende att allt bara är bra, men sanningen är den att jag har fullt sjå att klara av vardagen.

Varje människa bär på en hemlighet. Något vi gömmer undan, inte vill tala om. Just därför får det så stor makt över våra liv, långt efter att vi glömt vad som egentligen hände. Skammen möter mig dagligen. Följer mig hack i häl. Mumlande, viskande, sneglande.

Förord

Den här boken är skriven till dig som drabbats av någon form av traumatisk hjärnskada eller som har någon i din närhet som drabbats. Men även till dig som privat eller i din yrkesroll vill lära dig att bättre förstå människor med hjärnskador.

Jag vill berätta för dig om min olycka hösten 2004 då jag ramlade ner från min balkong. Jag vill ta dig med på en vindlande berättelse där du får ta del av de många jobbiga år och stundtals småtokiga situationer som följde.

Jag vågade egentligen inte berätta, men bestämde mig ändå för att göra det. Ibland måste man göra saker man inte vågar. Jag vill berätta för dig som har så bråttom i livet och kanske inte riktigt förstår hur snabbt en vanlig grå vardag kan förvandlas till en fullständig katastrof.

En av de första dagarna efter hemkomsten från sjukhuset, då mitt hjärta var så tungt och fyllt av så många tårar att de fullkomligt rann över, satte jag mig ned vid köksbordet och försökte skriva. Ibland är jag väldigt fokuserad och välformulerad, men ibland är jag alldeles vimmelkantig av omtumlande känslor och tankar.

Det är inte alls säkert att allt jag skrivit stämmer med verkligheten, men det var så jag upplevde det i min värld. Ingenting speglar hela verkligheten, det är bara små glimtar som du får ta del av och utestänger allt det andra om olyckan.

En del kommer jag ihåg och en del har jag fått berättat för mig. Jag har läst i mina journaler tills det svartnat för ögonen. Jag har med blossande kinder bläddrat bland kaotiska handskrivna lappar. Jag har pratat med berörda människor för att minnas dagarna. Jag har skrivit ut flera kollegieblock, färgen i pennorna har tagit slut och gjort många ord oläsliga.

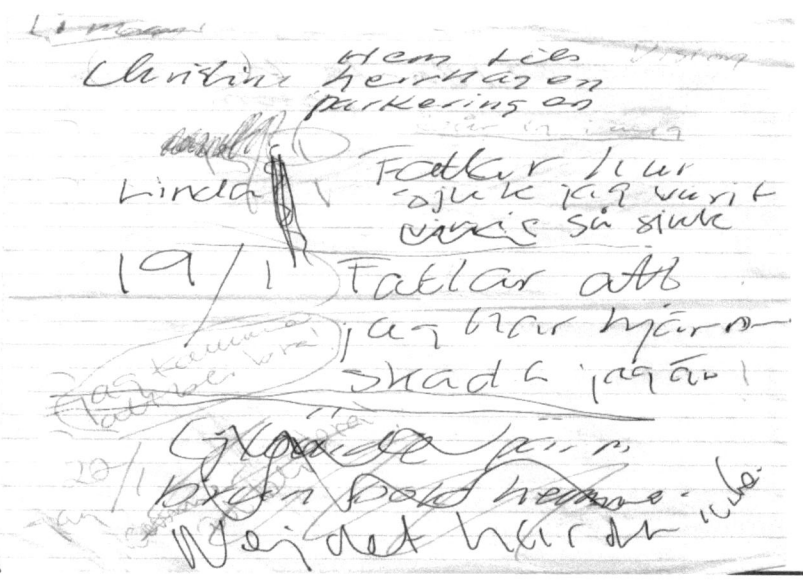

Jag har tagit huvudvärkstabletter och druckit starkt kaffe tills jag fått ont i magen. Jag har googlat mig och min hjärna schackmatt på allt och ingenting. Jag har skickat sms-natti-hälsningar till barnen, även om de ibland bara svarat i min fantasi.

Det är i de stunderna som jag skriver, även om jag inte är i närheten av något tangentbord, det är en process som pågår långt härinne. Jag vet att det låter som om jag hittar på ibland, men jag har inte hittat på ett enda ord av det jag skrivit.

Även om du har familj och anhöriga, kan de ha svårt att förstå vidden av en skada som inte syns. Jag vill ge en röst åt dig som kanske inte själv kan göra dig hörd, och dela med mig lite av den där världen. Jag har varit där och står på din sida. Min tanke är att du med en sådan här skada ska läsa och känna igen dig och kanske kan jag ge dig lite tröst. Jag hoppas också att boken ska väcka intresse och tankar och sätta fokus på hjärnskador som det fortfarande är lite skambelagt att prata om.

Det här är mitt bidrag för att det ska bli bättre för dig som kommer hem från sjukhuset i det tillstånd som jag befann mig i.

Jag hoppas att andra ska förstå vad som händer med en människa när hela hennes värld går i tusen bitar, och kan lära något av den här berättelsen. Du tänker kanske att det här inte skulle kunna hända dig, men jag är säker på att det lika gärna kunde ha varit du.

Många vet hur jobbig min resa har varit, men inte många har gjort något för att hjälpa till. Många valde tystnad i stället för ord. Långt senare kom jag på det. Jag måste berätta om det här.

I början var skrivandet nog mer en terapiform, då tillvaron var för svår för mig att förstå. Det tog mig många år att återskapa mina upplevelser av den omtumlande olyckan och få minnen att mjukna och komma på pränt. *Jag måste berätta, annars känns det som om jag sviker mig själv.*

Och jag skrapar försiktigt med min bara fot på det mjuka trägolvet, för om jag ska vara alldeles ärlig så har jag inget klockrent svar på hur allt skulle ha kunnat göras på ett annorlunda och bättre sätt. Det hade varit väldigt enkelt om jag kunde skylla på någon ond tjänsteman att allt blev så tokigt, men det kan jag inte. Svaret tänkte jag att du som läsare och medmänniska kanske skulle kunna komma på.

Jag är lite stolt över att jag faktiskt vågade börja skriva, med pappas stränga kärleksfulla blick över min axel och hans magiska ord i bakgrunden. Så nu sitter jag här och tänker på det och försöker att inte gråta.

Jag skulle bli glad om du ville läsa, bara du försöker förstå på riktigt, annars kan jag lika gärna låta bli att berätta för dig. Kanske har du varit med om något liknande och blivit lite kantstött och tilltufsad och vill läsa mina ord, eller så kanske du vill läsa ändå. När du läser och tar till dig min berättelse känner jag mig lite mindre ensam, för då kanske du förstår.

Karin

Inledning

Plötsligt halkar jag och faller handlöst ner på gården.

Det är sådant du läser om i tidningen, men kanske inte tror ska hända dig själv. Jag har många gånger funderat på om det varit möjligt att ändra livets lopp i det ögonblicket? Om telefonen ringt just då, hade det förändrat det som skulle ske? Jag försöker att inte tänka sådana tankar längre. Jag antar att det betyder att jag börjat acceptera att jag ramlade och hur livet blev efter det.

Jag kommer aldrig att riktigt få veta vad som hände de där veckorna, från det att jag ramlade ner från balkongen tills jag befann mig på Centralsjukhuset i Karlstad. Därefter kommer jag bara ihåg korta stunder, väldigt osammanhängande. *Så är det fortfarande.*

En hjärnskada suddar uppenbarligen ut gränserna mellan fantasi och verklighet, och i min värld stod dörren mellan dem alltid på glänt. Jag levde i min lilla bubbla och tittade förundrat på livet som pågick för fullt därute för alla andra. *Omvärlden rymde tusen gånger mer än jag klarade av att ta in.*

Ett ögonblicks obetänksamhet som inte bara trasade sönder hela mitt liv utan också mina älskade ungars. Det är det tuffaste som någonsin har hänt mig. Jag har hela tiden försökt berätta hur svårt skadad jag blev, men det är nästan ingen som har förstått. Det är kanske därför jag skriver det här.

Ena stunden är jag glad att jag klarade mig så bra och i nästa stund gråter jag för att livet inte alls är som jag vill ha det.

Jag har nästan grubblat mig sönder och samman varför olyckan hände just mig? Och jag har varit rädd, ledsen, förtvivlad och arg. På vem vet jag inte riktigt, men någon måste jag ju bli arg på?

Jag har planterat ett litet förlåtelsefrö, som har börjat gro inombords. Det är mycket svårare att förlåta sig själv än andra. Hur mycket dumt jag än har gjort och sagt, så är det nästan bara jag som bryr mig. Det är skönt att tänka så, då får jag lite distans till olyckan och det som hände efteråt.

Livet är så här nu, och jag måste tänka i små steg. En del av mig är borta och den andra delen vill börja leva igen. Drömmar och ambitioner jag hade har jag fått släppa. Men olyckan har lärt mig att jag klarar väldigt mycket och är otroligt stark.

Jag saknar mitt gamla liv. Jag saknar mina minnen. Små bitar av minnena har jag kvar i mitt hjärta. Ett lapptäcke av olika små bitar. Jorden gungar och världen snurrar så fort att jag nästan ramlar av. Dagarna och åren har gått men i min värld har tiden stått stilla.

Jag hade nog inte kunnat skriva på det här sättet, om jag inte upplevt och gjort så många tokigheter själv. *När man är rädd, kan man göra de mest konstiga saker. Men jag blir lite förskräckt nu efteråt över att se hur mycket jag inte förstod.*

Jag har äntligen vågat berätta hur jag upplevde mina dagar och försöker få lite upprättelse efter allt vad jag varit med om. Livet är skört nu, så jag måste vara försiktig. Jag får välja noga vad jag tar mig för och vilka jag träffar. Jag försöker hitta nya stigar att vandra på och ibland kommer jag att gå vilse.

Livet är långt ifrån så enkelt som det kan tyckas, och jag är inte alltid så stark som jag kanske verkar. Ibland har jag svårt att hålla ihop tankarna, och minnena flyter ihop i trassliga trådar och konstiga mönster. Jag vet att när jag plockar fram minnena kastas jag tillbaka till tiden runt olyckan. Samma känsla av ängslan finns kvar i mitt hjärta.

Livet kanske inte blev det som jag drömde om, men jag är ändå tvungen att försöka göra något bra av det. Så långt som det bara går. Precis som du.

Jag började skriva

Jag började skriva redan när jag låg på sjukhuset, utan att vara medveten om det själv. Många gånger hamnade ord på ett papper utan att jag visste hur de kommit dit. När jag vaknade i sängen på morgonen upptäckte jag ofta att jag höll en fullklottrad papperslapp hårt i min hand.

Att skriva var ett sätt att försöka förstå vad jag varit med om. Jag hade ett helt alfabet till mitt förfogande men hade ändå svårt att hitta orden. Jag var tvungen att hitta och förstå dem, för utan ord finns ingenting.

När man går igenom en svår olycka, behöver man något att hänga upp det ömtåliga lilla livet på. För mig var det att jag började skriva min väg tillbaka. Vad satt jag fast i? Vad handlade det om? Var livet verkligen så besvärligt?

Jag hoppas att min berättelse kan hjälpa andra att bli fria från den skam många hjärnskadade känner. Men ju mer jag skrev, så insåg jag hur stigmatiserat det var och att jag själv måste stå upp för berättelsen om hur det är att ha en hjärnskada. Då blev det så tydligt att jag levt ett dubbelliv och jag började fundera över varför jag gjort det och över tabut som finns kring att vara hjärnskadad. Skrivandet innebar att en lång process inleddes och känslorna kom ikapp mig. Känslor som man inte kan visa på puben, gymmet eller jobbet, man får ljuga lite för att bli socialt accepterad. Boken blev ett sätt att hitta min egen plats i tillvaron.

Det var nog ett sundhetstecken att jag skrev, men inte ens om jag hade världens alla bokstäver, skulle jag kunna berätta för dig på riktigt hur jag upplevde min verklighet.

Jag har funderat på hur jag ska skriva om olyckan. Och om jag ska skriva om den. Vad som är privat sorg och vad som är offentlig. Vad jag har rätt att säga och känna, när det finns så många andra sorgliga historier. Men ändå, jag måste berätta för dig om en olycka som förändrade livet för en hel familj, och en välfungerande mamma som blev en som var frånvarande i många år. Det blev ett högt spel med min familj som insats, när jag inte fick den hjälp jag borde ha fått och det har självfallet påverkat även mina närmaste.

Det är ett sorgearbete att skriva om olyckan, det hoppas jag att du förstår. Vad som hände och hur det kändes är invävt i orden. Det är svårt att berätta och det gör ont att minnas. Men berättelsen är alldeles för viktig för att du inte ska få ta del av den, därför bestämde jag mig för att detta var något som jag måste göra. Det blev en hjärtesak för mig. Så att du ska få en inblick i mina tokiga tankar och vimmelkantiga dagar. Dagar när jag bara har haft lust att smyga ut bakvägen och försvinna.

Det började så sakta komma fram en helt annan berättelse än jag väntat mig. Det blev en berättelse om skam och utanförskap. Jag funderar lite på var gränserna går för vad som går att berätta och hur minnena så här i efterhand går att töja lite på.

16

Så här sitter jag nu vid köksbordet och försöker skriva, omgiven av journalblad, minnesanteckningar och en bunt kaotiska lappar från sjukhuset, prydligt hopknutna med ett blått bomullsband. Jag fogar ihop små betydelsefulla bitar. Och jag skriver. Och jag läser. Och jag funderar. Och jag frågar människor om de minns, vilket gör det lite lättare för mig att fylla ut tomrummen. Och det kommer tårar i mina ögon.

Och jag tar ett djupt andetag, och skriver lite till.

Lite smått bekymrad är jag över hur jag ska få ihop hela den här berättelsen. De kaotiska lapparna är så viktiga för att gestalta mitt underläge när jag började skriva. Jag skriver, suddar, stryker över och stundtals blir jag alldeles stum, medan svarta små bokstäver snirklar sig fram på papperet för att berätta.

Jag älskar ord och brukar ha lätt för att hitta dem, men efter olyckan svek de mig. När de behövdes som mest kom jag inte på vad jag skulle skriva. Jag bara visste att jag måste göra det.

Jag försöker hitta tillbaka till mina egna ord i min nya värld, men hittar bara vingliga trasiga bokstäver. Ibland har det gungat i berättandet och jag har varit nära att lägga ner hela bokprojektet, men då har den lilla tjejen med dunkande hjärta som är jag försiktigt tagit min hand och lett mig vidare.

Innan har jag tydligen inte kunnat berätta så att man har förstått, men nu gör jag ett nytt försök att beskriva den jag var, eller den jag blev. Jag vet inte riktigt. Jag gick på och var ledsen och arg på det mesta, inte alltid arg på någon människa, men arg på att livet hade slagit omkull mig. Så jag har gjort många dumma saker i rena förskräckelsen.

Jag blundar, och steg för steg letar jag mig fram till bortglömda minnen och avtrubbade händelser. Jag försöker inte förstå allt, behöver nog smågruset i stövlarna för att skriva, så att du ska inse de nästan oöverstigliga svårigheterna.

Jag har så starka minnen från olyckan. Det är som om jag står lite vid sidan av och betraktar den och omvärlden, i ett försök att förstå vad som hände. Det finns så mycket att berätta, så många fler ord än jag kan hitta, att jag inte vet om orden kommer att räcka till. Ju fler år som går, ju mer känner jag att jag måste berätta hur det verkligen var.

Att skriva var ett sätt att våga stanna kvar och känna efter, när jag egentligen inte vågade. Där jag med en euforisk känsla kunde ta ett språng ut i friheten, mitt i det mest nattsvarta.

Min pappa hade när jag var liten en svart gammal skrivmaskin. Det dröjde inte länge förrän jag satt där varje gång jag smög in på hans rum. Jag skrev ord efter ord, som blev till meningar som blev till långa kapitel. Jag älskade den där skrivmaskinen och jag kunde sitta i timmar, så liten jag var.

Jag har skrivit mig igenom ändlösa nätter och försökt fylla dem med kärlek, tröst och fina minnen tills jag nästan inte kunnat andas. Allt måste komma från det innersta i mitt hjärta, för att du som läsare ska förstå.

Man måste ha ett slags självtillit för att orka skriva om en så här omtumlande sak. Men det känns lite förtrollande och magiskt att jag nu har huvudrollen i det jag vill berätta. Det hisnar i magen för det är lite läskigt att lämna ut sig så, men någonstans där inuti känns det rätt. Och då får jag lita på den känslan, för mitt och andras bästa.

De finaste orden jag någon gång skrivit, de skrev jag med en trubbig blyertspenna på en liten kantstött papperslapp, små varsamma ord som kom från mitt trasiga hjärta. Den lappen lades försiktigt vid min älskade mammas varma men väldigt bleka kind på en tilltufsad landstingskudde, att läsas när hon vaknade mitt i natten, rädd och förtvivlad över att hon kanske inte skulle få vara med oss längre.

Jag var väldigt dålig när jag kom hem från sjukhuset och fick inte den hjälp jag behövde utan hamnade i ett konstigt ingenmansland. Det var många knepiga och ömtåliga situationer som uppstod. Det har tagit mig lång tid att förstå att en hjärnskada inte behöver ha något med intellektet att göra. Det vet jag nu, men visste inte då. Jag gick över gränsen många gånger. Det finns sådant jag skäms för i dag, men jag kan inte spola dagarna tillbaka.

Det finns en del av mig som inte bryr sig om ifall det jag skriver någonsin blir läst. Det är för mina egna minnens skull som jag skriver. Sanningen är inte alltid bokstavlig och du kan säkert hitta något som inte verkar stämma mellan raderna.

Det är svårt att skriva om sig själv. Och när jag skriver min egen berättelse kan jag inte lita på någon annan, då är jag alldeles hudlös och får stå för det jag skriver.

Jag skriver överallt där jag befinner mig och kommer åt, i soffan, vid köksbordet och på bussen. På tidningar, akvarellpapper och toapapper. Först därefter sätter jag mig vid datorn. Att skriva hemma är underbart eftersom man kan göra det i nattlinne, men det är också ett sätt att inte få det gjort. Man hittar tusen saker man måste göra först, bara för att slippa skriva.

Varför sitter jag då här och nästan tvingar mig att skriva? Jag vet inte riktigt, jag vet bara att jag har fått använda all min viljestyrka och all min tankeskärpa för att berätta så att du ska förstå. Känslomässigt vill jag att du ska känna igen dig i mitt sätt att se på världen.

Jag behöver bara en trubbig penna och ett tomt papper. Jag tänker, skriver, stryker och kastar bort lappar och sedan kommer det plötsligt en röst i mitt huvud. Det är den absolut häftigaste känslan. Jag sitter där, det är mitt i natten och plötsligt inser jag att berättelsen håller. Det är som om jag inte varit redo att berätta den här historien förrän nu.

Jag tror att jag har använt orden för att försöka förstå, fantisera och skriva mig bort från olyckan. När man väl fått den där betraktarpositionen kan livet bli så lätt, en möjlighet att hitta gömställen och tillflyktsorter där man känner sig trygg.

Jag kommer ihåg att efter olyckan kunde jag känna att mycket av det jag upplevde bara försvann. Skriver jag ner minnena stannar människorna, händelserna och känslorna kvar hos mig.

Skrivandet har hjälpt mig genom mörka tankar, förvirring och utanförskap och till sist började jag trivas och känna mig hemma i mitt liv. Jag skriver för att jag bestämt mig för att göra det, men också för att sätta punkt för olyckan och försöka landa i livet som det är nu.

Jag är lite stolt över mig själv, att jag vågade börja berätta om den här jobbiga tiden. Oj, nu börjar jag nästan gråta också…

När jag nu läser igenom vad jag skrivit, slingrar sig min berättelse runt en människas försök att förstå. Det händer att jag inte har skrivit på många dagar, men så glimmar det till och jag kan sitta uppe en lång natt. Men allt som oftast vet jag inte riktigt vad jag håller på med.

Man skriver sin egen berättelse, den dagen man måste berätta. Om man vågar.

Före olyckan

När olyckan hände, bodde jag tillsammans med min dotter Josefin på andra våningen i ett gammalt trähus på Herrhagen i Karlstad.

Jag hade några år tidigare utbildat mig till dekoratör i Leksand. Under utbildningen hade jag haft praktik på olika butiker i Stockholm och kände mig väldigt förväntansfull inför mitt nya arbete.

När jag kom tillbaka till Karlstad, fanns det dessvärre inget fast arbete som dekoratör att söka. Jag sprang på en del vikariat på Åhléns, Lindex och Indiska. Jag bestämde mig då för att gå en starta-eget-kurs, för jag ville så gärna arbeta som dekoratör.

Det var sista veckan på starta-eget-kursen och snart skulle jag förverkliga drömmen om att ha egen firma. Jag såg verkligen fram emot det. Jag sprang runt bland Karlstads butiker och försökte få så många kontakter jag kunde. Jag hade inrett ett rum nere i källaren som jag tänkte ha till verkstad och var full av storslagna idéer.

Min dotter Josefin gick i sexan på Herrhagsskolan och trivdes både med sina lärare och sina kompisar. Vi hade det bra i vår lilla lägenhet och allt skulle ordna sig, bara jag startade upp firman och pengarna började ramla in. Varannan helg åkte hon till sin älskade pappa i Storfors.

Olyckan

Det var den 28 oktober 2004. Den mest inbjudande och soliga höstdag du kan tänka dig. Det var provocerande vackert ute, så som det kan vara just på hösten. De färgglada löven virvlade omkring i vinden runt husknuten och höstluften stod högt på den blå himlen.

Jag gick och småsjöng för mig själv, samtidigt som jag städade vår lägenhet. Jag stoppade fötterna i träskorna och lätt förväntansfull sprang jag ut på balkongen för att skaka hallmattan, som jag skulle lägga på det nytvättade golvet.

Men utan att jag visste om det hade ett drama redan satts i rörelse. Plötsligt, några sekunder senare, halkar jag och tappar fotfästet och faller handlöst ner på gården.

Allt gick så fruktansvärt snabbt när jag föll, men jag minns att jag försökte få tag i balkongräcket. Sedan svartnade allt.

Ett ögonblick senare låg jag svårt skadad på gårdsplanen. Det var Maria, som bodde i lägenheten under mig, som hörde att något föll hårt i marken och sprang ut och upptäckte mig. Hon är sjuksköterska och förstod allvaret, och när hon tittade upp mot balkongen insåg hon att jag måste ha ramlat, för den lilla gröna hallmattan hängde kvar på balkongräcket. Hon larmade ambulans och sedan ringde hon Magnus, mina barns pappa.

23

Jag tittade upp på henne, men jag var inte kontaktbar när hon försökte prata med mig. Jag hade bägge mina träskor kvar på fötterna.

Ambulansen kom med påslagna sirener och bromsade hastigt in på gårdsplanen.

På akuten

Magnus och våra tre barn kom springande till akut-
mottagningen, där en sköterska visade dem vägen till ett
stort kalt rum. Jag låg där alldeles stilla och fick hjälp av
en respirator att andas. Efter ett tag kom en läkare in och
försökte förklara läget för dem. Han kunde inte svara på
om jag någonsin skulle vakna upp.

Magnus försökte vara stark och ta hand om barnen och
samtidigt ta in det som läkaren sa. Hela händelsen kändes
overklig, har han berättat.

Josefin höll mig hårt i handen och önskade bara att jag
skulle vakna upp. Hennes tårar rann och hon måste
springa och kräkas. Min yngste son Johan vinglade till när
han skulle sätta sig ned, och svimmade. Min äldste son
Kristoffer var alldeles blek och tagen och sa just ingenting.
Magnus kramade om barnen, och försökte trösta dem så
gott han kunde.

Dagen efter flögs jag med helikopter till Akademiska sjuk-
huset i Uppsala och blev kvar där i en vecka, fast själv
kommer jag inte ihåg något.

Inte heller minns jag något från den vårdavdelning på
Centralsjukhuset i Karlstad där jag låg en månad i väntan
på att bli överförd till neurologen.

Avdelning 22
2/12 2004-18/4 2005

När jag vaknar ligger jag på en brits i ett kalt och sterilt duschrum och någon håller på att tvätta och duscha mig. Oändligt tomma ögonblick och jag förstod absolut ingenting, men jag insåg ändå att *någonting var fruktansvärt fel.*

Vem var den gulliga tjejen med snälla pepparkaksbruna ögon, hon som tvättade mig så försiktigt och pratade så vänligt med mig. Det visade sig senare att hon heter Linda, och kom att bli en av mina bästa på avdelningen.

Vissa ögonblick kan vara så starka att du kommer ihåg dem hela livet, ögonblicken med Linda var sådana ögonblick.

Jag visste inte att jag var svårt skadad och hade en shunt inopererad i huvudet för att reglera trycket efter en hjärnblödning, att min vänstra armbåge hade krossats och min höft var bruten. Jag klarade inte av att göra ens de mest grundläggande rörelser och var vänstersidigt förlamad. *Jag hade varit i himlen med små änglar och bulliga moln, men återvänt till jorden igen.*

På avdelning 22 fick jag börja om mitt liv och lära mig allt från början. Jag fick lära mig att sätta mig upp. Jag fick lära mig att flytta över från sängen till rullstolen. Jag fick lära mig att ställa mig upp. Jag fick lära mig att gå med gåbord. Jag fick lära mig att gå med kryckor. Jag fick till slut lära mig att ta de första vingliga stegen utan hjälp. *Det var det tuffaste jag någonsin gjort!*

Jag fick lära mig att sätta mig ner på toalettstolen. Jag fick lära mig att duscha. Jag fick lära mig att borsta tänderna. Jag fick till slut lära mig att ta på kläder och skor.

Jag fick lära mig att sätta mig ned vid matbordet. Jag fick lära mig att hålla i mjölkglaset. Jag fick lära mig att hålla i besticken. *En otrolig kraftansträngning för allt jag gjorde.*

Jag grät nästan ingenting i början när jag kommit till avdelning 22. Jag var i ett känslomässigt kaos och varken huvudet eller kroppen fungerade som de skulle. Det var kämpigt att ligga där och personalen körde hårt med mig. Men jag börjar nästan gråta nu när jag tänker på hur många månader jag låg där. Dag som natt.

Det kändes surrealistiskt att från att ha varit en relativt obekymrad arbetande mamma nu sitta och rita figurer och memorera sifferkombinationer i ett sterilt landstingsrum, mitt emot en människa jag aldrig förut träffat.

Det självklara var inte längre självklart, då hela min bakgrund togs ifrån mig. Jag mindes inte något om mig själv, min familj eller omvärlden. Jag måste registrera allt på nytt. Vem jag var. Vem jag varit. Vad jag tyckte och vilka jag tyckte om.

Min hjärna var trasig och behövde läka ihop. Jag var så oändligt trött. Jag ville inte att någon skulle se mig så här. *Jag förstod inte hur jag skulle orka. Allt jag hade lärt mig hade jag glömt. Mitt liv var utsuddat och förmågan att tänka helt borta! Det var ju inte så här jag hade tänkt att mitt liv skulle bli.*

27

Jag kunde inte hålla en tanke nog länge för att utföra den. Men det gick i vågor, ena stunden var jag hur klar som helst och tre minuter senare visste jag knappt vem jag var. Jag slöt ögonen och väntade bara på att någon skulle säga att allt bara var en otäck dröm.

När jag hör andra berätta om min tid på sjukhuset, inser jag hur dålig jag var. Korta stunder kom jag ihåg personer och händelser och talade ganska redigt, men ibland kunde jag inte tänka alls. Jag blev arg på mig själv när jag inte förstod vad människor menade eller sa.

I mitt omtöcknade och frustrerade tillstånd hade jag ingen som helst impulskontroll. Jag slogs och sparkade omkring mig. Jag larmade efter personal i tid och otid, för i min ångest hade jag fått för mig att mitt hjärta skulle sluta att slå.

Jag slet ut katetern, kravlade mig över sänggrinden och ramlade ner på golvet när jag skulle gå och kissa, jag begrep ju inte att jag inte klarade att gå. Jag rev sönder min fina inredningsbok över hela tv-rummet och slängde pussel och lösa kluddpapper över hela golvet i mitt rum. Jag smorde in ansiktet med duschkräm och fick bränn-skador. Jag lämnade avdelningen och hittade inte tillbaka.

Jag visste inte var jag var, trodde att jag var i Filipstad när Magnus och Josefin kom på besök. Trodde att mina föräldrar levde.

När jag lärt mig gå utan hjälp försökte jag rymma hem till lägenheten flera gånger. En gång lyckades jag och Linda fick åka och hämta mig. Sen fick jag skriva på ett papper att sjukvården inte kunde ta ansvar för mig om jag rymde! Flera gånger stoppade jag i mig en massa piller som jag sparat. En gång hotade jag att hoppa från balkongen… Tur att personalen hade ett änglalikt tålamod.

Den första tiden på avdelningen går inte att beskriva. Väldigt obehagligt att hamna i den här situationen för en person med sådant kontrollbehov som jag. Jag förstår att det kan låta lite maniskt, men jag försökte ha koll på allt och alla. Det var mitt sätt att försöka förstå saker och ting. Koll på personalen. Vad de hette. När de började och slutade sina pass. Vilka tider det var frukost. Vilka tider det delades ut medicin. Vilka tider det var arbetsterapi. Vilka tider det var sjukgymnastik. Vilka tider jag skulle prata med psykologen.

Några ur personalen tog sig tid att stanna upp en stund. Lutade sig fram och talade mjukt och vänligt med mig. Då kände jag mig trygg. Så gjorde Linda, Sivan och Sivert. De förstod att jag inte var dum, utan att jag var svårt skadad. *Jag kommer alltid att älska dem för det.*

Jag fick god omvårdnad, mycken omtanke och många tröstande ord. Inte minst under de långa nätterna, när nattpersonalen tog sig tid att lyssna och det gick att somna om. *Jag berättade för sköterskan som försiktigt kom in och väckte mig, om drömmen som mjukt låg kvar i rummet.*

Gulliga Nina, jag lutade mitt huvud mot hennes varma mjuka hand och använde henne som tröst och kudde. Söta Linette som tonade mitt hår, fastän det inte alls ingick i hennes arbetsuppgifter. Jag kan fortfarande minnas hur det kändes när hon kammade mitt hår och satte upp det i en hästsvans, det var en vänlig beröring som betydde mycket för mig.

Det är underligt hur så små saker kan få en så stor betydelse, medan stora saker försvinner långt bort. Varje liten småsak gör att man känner sig betydelsefull.

Jag slumrar i sängen, men vaknar till när Linda gläntar på dörren och kommer in. Du och din kollega bäddar kuddar runt hela min kropp, bullar upp en kudde under den krossade armbågen så att jag ska ligga skönt. Ni arbetar lugnt och metodiskt, medan ni byter några viskade ord med varandra. Du berättar lugnt vad som nu ska hända, tålmodigt och professionellt.

Du är som en uppenbarelse, där du står i ljuset från korridoren. I dina ögon ser jag omtanke och oro. Sedan klappar du mig försiktigt på kinden och smyger tyst ut ur rummet. Du utstrålar kompetens och empati, och mitt i smärtan och vanmakten känner jag mig fullständigt trygg. *Jag är älskad och kärleksfullt omhuldad för evigt. Jag har inget att frukta och allt kommer att ordna sig.*

Sivan som försiktigt tittade på mig när hon kom in i mitt rum för att dela ut mediciner. Jag kunde känna hennes hand, när hon gav mig muggen med vatten och de små vita tabletterna. Jag ville alltid vara nära henne och höra hennes röst och ville inte att någon annan skulle dela ut medicinerna. Tårarna som kom när jag försökte svälja tabletterna som blev så stora i min mun. *Jag kommer alltid att minnas Sivans soliga leende, måste vara ödet att vi träffades, tänkte jag då.*

Underbara Sivert, som varje kväll stack in huvudet genom dörröppningen och med sin trygga röst och ett litet leende sa god natt och hoppades att jag skulle drömma fint. Innan han smög ut, bad han mig säga till om jag behövde något. När han kom och tittade till mig på kvällen, visste att jag skulle somna lugn och trygg. *Jag kan tänka tillbaka på honom, och ännu går hans värme djupt in i mitt hjärta.*

Personalen fick se foton från när jag var liten och små ting från mitt hem, saker som någon i min familj hade tagit med för att jag skulle minnas. De delade minnena med mig och vi skrattade tillsammans. De kramade om mig och hoppades att deras ord kunde skänka mig lite tröst. De gladdes med mig när jag skulle skrivas ut efter att jag hade tillbringat så många månader innanför avdelningens väggar. De skojade med mig och pratade om allt roligt jag och barnen skulle göra när jag skrivits ut.

Jag vill tacka alla på avdelningen för att ni höll om mig när jag grät över en börda som jag inte klarade av. Era kramar och vänliga ord tillförde en gnista av ljus i min mörka värld.

Jag är inte säker på att jag hade överlevt om jag inte blivit så väl omhändertagen av er. Alla läkare, sjuksköterskor, undersköterskor, arbetsterapibiträden, psykologer, kuratorer och sjukgymnaster. Alla dessa tillmötesgående människor som vänligt småpratande och med minutiös professionalitet koncentrerade sig på en betydelsefull uppgift, nämligen att få mig att bli så bra som möjligt.

De här månaderna på sjukhuset var de sorgligaste, finaste, tokigaste, underbaraste, ledsammaste och mest omtumlande månaderna som jag någonsin upplevt i hela mitt liv!!

Jag kommer ihåg att jag saknade sjukvårdspersonalen så otroligt mycket när jag kom hem.

Många kom på besök

Det var många som kom och hälsade på mig på sjukhuset efter olyckan. Först måste de kanske trotsa sin rädsla för att träffa mig, men det slutade nästan alltid i fina möten och att de var nöjda med att de kom. Jag var så tacksam för att vara omgiven av en så kärleksfull familj och ha så många vänner. Rummet var ibland fullt av människor, men jag minns inte så många ansikten. Jag minns vackra blommor i kulörta färger och kort med prydligt präntade bokstäver. Jag minns en omtänksamhet och en varm medkänsla.

Det var så många som kom och telefonen ringde högt och otåligt. Jag blev alldeles utmattad, av allt och alla. Det kanske verkade som om jag förstod allt vad folk sa, men det gjorde jag inte och min hjärna arbetade för högtryck för att försöka förstå. Jag pratade med alla med forcerad glättighet och försökte svara snällt på alla frågor. Jag bredde på för tjockt och kände mig tyngd av skam och ville överkompensera för att jag var så svårt skadad.

Det var många förvirrande samtal med dem som hälsade på mig. Oftast kast mellan något som hänt ute i världen och helt vardagliga saker som om någon ville ha kaffe i stället för te. Det var bara någon enda som vågade prata om det som hänt. Som vågade fråga mig om olyckan, den som uppfyllde hela min tillvaro.

Ingen som vågade fråga hur livet skulle bli för mig. Ingen som vågade fråga hur jag skulle klara mig. Ingen som vågade fråga om jag skulle bli bra igen. Ingen som vågade fråga om det var något de kunde hjälpa mig med. Ingen som vågade fråga hur det skulle gå för mina barn och om de kunde göra något för dem, nu när jag låg på sjukhuset och inte själv kunde hjälpa dem. *Måste alla prata om mig så? Är det ingen som kan hjälpa mig härifrån i stället?*

På nätterna sov jag djupt i timmar, vaggad till sömns av små vita tabletter. Jag började lägga upp en taktik hur jag skulle ta mig bort från avdelningen, sjukhuset och alla nyfikna människor.

Jag vaknar väldigt tidigt en morgon. Solen letar sig in genom fönstret och stråk av guld lägger sig mjukt på mitt täcke. Utanför sjukhusfönstret lyser himlen blå och de sista löven singlar ner från träden, men inne i mig är det fullständigt kaos. Dagar och nätter, timmar och minuter flyter ihop utan början och utan slut, och jag glider längre in i dimman och tiden suddas ut som i ett töcken.

En morgon satt Magnus på en pall vid min säng när jag vaknade. Vi började försiktigt prata med varandra och det kändes som om vårt samtal öppnade upp delar av min hjärna som jag inte använt på länge. Vilket var underligt, för det var ju så många år sedan vi bodde ihop.

Jag hade behov av att höra hans välkända röst genom mina kaotiska och omtumlande dagar när jag låg där på sjukhuset. Samtalen gav mig något. Jag blev den person som jag var långt innan olyckan. Vad som än hände mig skulle han finnas där. Magnus var min trygghet och han var barnens pappa. Att han inte skulle finnas hemma hos mig när jag skrevs ut från sjukhuset föll mig inte in.

Alla äventyr vi har varit ute på tillsammans, det ena mer hisnande och osannolikt än det andra. Han som funnits vid min sida under så många år. Han kommer alltid att ha en plats i mitt hjärta. Älskade att han var så vild och vågade så mycket som inte jag vågade. Magnus som fått mig att skratta så många gånger.

Vi är nära, men ändå så långt ifrån varandra. Händer det något viktigt i mitt liv, är han alltid den första att få veta det. Han gör något med mig, han berör mitt hjärta.

När Josefin kom och hälsade på en sen eftermiddag blev jag så ledsen över att jag låg där i sängen och inte kunde vara hemma och ta hand om henne. Då grät jag och så kramade vi om varandra medan jag höll hårt i hennes små händer. Tårarna strömmade ännu mer när jag såg den fina teckningen hon hade ritat och de små orden hon hade präntat. I sjukrummets spegelbild såg jag mitt stora leende när jag tittade på henne, det var nästan lika stort som hennes.

Vi två började ta tillbaka vardagen, med små trevande ord. Små tanketrådar från våra tidigare vardagliga samtal höll oss samman.

Men hon gråter lite och är rädd för min skull, för sin egen skull, och undrar hur allt kommer att bli där hemma. Jag vill inte oroa henne, utan viskar mjukt några tröstande ord i hennes öra. Jag torkar bort några tårar på hennes mjuka små barnakinder med en liten rosa servett av papper som ligger i min låda i sängbordet.

Josefin är modig och gråter oftast bara på kvällarna när hon är här, och vill att jag ska följa med hem. Så tyst hon kan smyger hon sig upp ur min säng och ställer sig vid fönstret och tittar ut. Med min tröja tryckt mot bröstet står hon med näsan tätt mot rutan så att hon kan titta upp på stjärnhimlen. *Jag vill inte vara på sjukhuset och sova här. Jag vill sova hemma i min lägenhet, hos Josefin.*

När pojkarna var och hälsade på mig en kväll, körde de rally med min rullstol så att vi började skratta allihop så att vi kiknade. Trots det fruktansvärt ledsamma att jag inte kunde gå själv utan behövde åka rullstol för att ta mig fram till toaletten. Och personalen ute i korridoren vände sina huvuden mot oss och log så vänligt och rart.

Måndag 3: December

Jag och Ida är här, vi har varit på Berguik och köpt en platt-tång.
Du har varit trött och sovit hela dan och nu äter du kvällsmat.
Puss

36

Det är kväll och jag somnar nästan, fastän jag har familjen runt omkring mig. Jag håller andan, nu pratar Magnus med läkaren och läkaren frågar om det går bra för Josefin nu när hon bor i Storfors. Både Magnus och Josefin sitter i min säng och tittar på mig precis som om de vill ha mitt samtycke. Jag slutar nästan att andas och det gör ont i magen på mig när jag förstår att Josefin bor hos honom i Storfors. "Det här blir bra Karin,"säger Magnus, "men du måste sova nu. Det blir en jobbig dag för dig i morgon, så sov nu." *Det knarrar till i den slitna sängen när jag vänder mig om för att sova, medan de fortsätter att prata och de märker inte att jag börjar gråta.*

Varje kväll när det är dags att lägga sig kommer tårarna när jag ska lägga huvudet på kudden. Jag drömmer och rör mig oroligt i sömnen. Det är skillnad på att blunda och att sova. Jag tycker bättre om att sluta ögonen och låtsas. För varje gång jag somnar på riktigt kommer minnesbitar av just den där dagen. Jag vill inte tänka på olyckan. I drömmarna får jag ibland en vision av det som hände.

Josefin hade broderat en fin kudde som hon gav till mig när hon var på besök en kväll. En mjuk kudde att krama när jag skulle sova ensam i sjukhussängen. *Jag håller den tätt intill mig, då går det lättare att somna. Något mjukt och snällt att krama när nattens ensamhet blir för svår.*

Timmarna går och mörkret faller och efter mörkret natten och efter natten sömnen och efter sömnen drömmarna. De små blå drömmarna, som dröjer kvar i rummet en stund.

37

Tick, tack från klockan på väggen, droppande från kranen och personalens tassande fötter i den upplysta korridoren utanför.

På sjukhuset fick jag en bok av en vän för mina besökare att skriva i, det är en av de bästa presenter jag någonsin fått. Vi mår bättre av varje hälsning och omtanke, det skulle vara förfärligt om det var alldeles tyst.

I mörkret när jag lagt mig, då förtvivlans skuggor snuddar vid min kind. Tar jag ett djupt andetag och viskar ängsligt till mig själv att allt kommer att bli bra.

Finns det änglar?!

Jag har träffat en liten ängel, med mörkt hår och de mörkaste glittriga ögon jag sett. Linda heter hon och jobbade på avdelning 22 på Centralsjukhuset i Karlstad.

Tack gulliga Linda för att du fanns där för mig när jag låg inne så länge hos er på avdelningen. Du gjorde min tid på sjukhuset mycket lättare tack vare ditt underbara sätt, din medmänsklighet och närvaro.

Tack, Linda, för att du tyst och försiktigt smög dig in på mitt rum för att hålla min hand den första natten på avdelning 22. För att du viskande, med ömsinta ord, berättade att du visste att jag skulle komma tillbaka till livet. Du hade en unik förmåga att fånga upp alla dina patienter och förvandla dem till änglalika små varelser. Jag är fortfarande inte säker på om du var en dröm för att jag skulle klara min första natt på avdelningen.

Du berättade med empati om olyckan och sakta öppnades dörren till mitt gamla liv. Förnimmelse av olyckan och förståelse för vad jag varit med om trängde långsamt in i mitt medvetande när min tro på livet hängde på en väldigt skör tråd.

Jag hade gråtit mycket en natt. Du stoppade varsamt täcket om mig, tog försiktigt min hand och satt stilla hos mig tills min ängslan stillades. De stunderna kunde jag nästan höra ditt hjärtas förtrollande slag genom mitt eget hjärta. När du reste dig upp och vände dig om för att gå, lämnade du värme och doft kvar i rummet.

Till och med när jag ringde till avdelningen och grät, flera månader efter att jag blivit utskriven, ordnade du med färdtjänst så att jag fick komma till er och få lite tröst.

Jag kommer aldrig att glömma dig! Inte de andra som jobbade där heller, men du har fått en speciell plats i mitt hjärta. Du var den som jag litade mest på. Jag älskade dig från första stunden vi sågs!

Jag har köpt en liten lägenhet, med utsikt över älven. Den ligger på nedre botten, *då blir fallhöjden inte så stor om jag skulle ramla igen!*

Du är en ängel i vit skjorta. Du säger att du bara gör ditt jobb, men ditt jobb är det största av dem alla. Du vet det, och du ger av dig själv och hela ditt hjärta.

Magiska små ögonblick

Magiska små ögonblick minns jag bäst. Inte timmarna, dagarna, veckorna och månaderna på avdelningen. Utan de magiska små ögonblicken.

När jag vaknar i sängen en morgon och gnuggar sömnen ur ögonen, ser jag en välbekant människa öppna dörren till mitt rum. Kristoffer kommer fram till mig, sträcker sina händer försiktigt mot mina och tar dem medan han säger: "Så pigg du ser ut, mamma." Jag får inte fram ett ljud och vet inte vad jag ska säga. Jag ligger där bara med tårar i ögonen. *Kristoffer, ditt hjärta är det finaste som finns. Du ser alltid det bästa i varje människa och jag älskar dig för det!*

En hand på min axel, glittrande bruna ögon och ett fint varmt leende. "Så vacker du är." Jag som är jättedålig, med noll lokalsinne, dålig balans, inget närminne och ständiga gråtattacker. Handen som lades några sekunder på min axel inne i en hiss på Centralsjukhuset i Karlstad tillhörde en läkare.

Det är sådana stunder som fastnar och dröjer sig kvar i mitt minne. Och gör så varenda tung dag, när jag försöker komma tillbaka till livet. *Det är sådana ögonblick som gör det värt precis all möda i världen att kämpa vidare. Om man inte tar tillvara alla små ögonblick, kan man verkligen missa stora saker. Hela livet kan liksom gå en förbi.*

41

Gäst i verkligheten

Min första hempermission fick jag redan på julafton, för att kunna fira jul med mina anhöriga. Johan och Josefin hade städat hela lägenheten, julpyntat och skurat golven. Jag blev buren uppför trappan och vi åt julmat ihop, jag, Magnus, Kristoffer, Johan och Josefin, som även hade tagit med sig katten Mimmi.

Jag fick ligga i soffan och öppna julklappar, men jag var ledsen och grät för att jag inte hade några julklappar till barnen. Eller kunde laga mat och ställa fram godis. Då och då somnade jag ifrån alltihop. Kristoffer var den som fick bära mig till toaletten och hjälpa mig där.

Tiden gick så fort och plötsligt var det dags att åka tillbaka till sjukhuset. Magnus bar mig nerför trappan då färdtjänsten kom. Familjen kom med till avdelning 22, där jag fått ett nytt större rum och de stannade en stund hos mig innan jag lämnades, storgråtande. Jag förstod ju inte varför de måste gå. Min första upplevelse av livet utanför sjukhuset blev både fin och ledsam.

Min första nattpermission kom redan till nyårshelgen, hur det nu gick till, för jag satt fortfarande i rullstol, även om jag samma dag gått med gåbord för första gången, och jag var väldigt virrig. Läkaren trodde nog att mina anhöriga skulle ta hand om mig den här gången också, och jag var väl den första att bekräfta detta, men riktigt så blev det nu inte.

På nyårsafton kommer min syster och hjälper mig packa och vinkar av mig vid färdtjänstbilen. Jag gråter i bilen, orolig över att Lisbet inte följer med. Väl hemma blir jag uppburen till lägenheten och Johan är där och tar hand om mig hela eftermiddagen. Han är så gullig mot mig men förstår inte hur dålig jag är, så han lämnar mig för att fira nyårsafton på sitt håll och jag sitter ensam hemma. Fast jag vet knappt var jag är och klarar inte ens att ta mig till toaletten. Så blev min nyårsafton 2004.

På nyårsdagen kommer min vän Maggie på besök och upptäcker att jag inte har en enda matbit att äta, inte ens bröd och mjölk! Hon åker och köper Kinamat till mig och mina anhöriga, som hon tror snart ska komma. I själva verket sitter jag ensam större delen av de två dygnen jag är hemma. Efteråt skriver jag arga lappar till sjukvården som skickat hem mig utan mat och medicin!

De följande hempermissionerna blev även de tokiga på olika sätt. Jag kunde glömma att ta med pengar till färdtjänstbilen och tiden för återfärd. En gång visste de inte att jag bodde en trappa upp och behövde vara två för att bära upp rullstolen. Det märkliga var att när jag var på avdelningen ville jag hem och när jag var hemma ville jag tillbaka till sjukhuset.

Allra värst var nog när Magnus gjorde mig till viljes och tog mig med till Storfors. Då blev det kalabalik när jag skulle därifrån, för i min hjärna bodde jag ju fortfarande tillsammans med honom!

43

Hemma igen

I april blev jag äntligen utskriven från sjukhuset. *Precis allt skulle ordna sig då, trodde jag, men så blev det nu inte!*

Att bli utskriven var förvirrande. På sjukhuset hade jag vårdpersonal runt omkring mig hela dygnet och när jag skrevs hem hade jag ingen.

Ett av mina starkaste minnen är då jag kommer hem till lägenheten. Jag haltar mig uppför trapporna och får hålla mig i ledstången för att inte ramla omkull. På dörren till lägenheten står bara mitt namn, inte Josefins, Johans eller Kristoffers. Jag låser upp dörren och tittar in i hallen. Det blir en konstig känsla, jag blir yr och förstår absolut inget.

Där ligger bara en handikappvänlig konservöppnare och en lapp från hemtjänsten som säger att de ska besöka mig fem gånger om dagen. Jag som hade behövt en personlig assistent nästan dygnet runt i det kaotiska tillstånd jag befann mig!

Först då inser jag att barnen inte bor hemma längre. Då kommer gråten, en gråt som aldrig vill ta slut.

Det är bara jag hemma i min lägenhet, och jag känner mig så ensam. Hela natten strömmar sorgen ner och lägger sig som ett tungt täcke över hela lägenheten. Jag stapplar sorgsen och övergiven omkring och försöker känna igen mig i varje litet hörn. *En stillsam, ledsam och väldigt hopplös vardag jag kommit hem till.*

Jag kan inte förstå att Josefin inte längre bor hemma. Hon som jag levt så tätt tillsammans med, under så många år. Josefin som kryper ner under mitt täcke varje morgon för att få ligga en liten stund i värmen hos mig. Josefin som lägger sin mjuka lilla hand på min kind och säger att hon älskar mig. Josefin som bubblar över av nyfikenhet, skratt och bus.

De flesta av Josefins saker finns kvar i hennes flickrum, så som hon lämnat det. Bilden av Smulan, hennes lilla kanin, hänger på väggen ovanför hennes utdragbara säng. När jag går in i vårt badrum, ser jag hennes röda tandborste i sin gula mugg och tuben med Bamsetandkräm.

Tomheten ekar mellan lägenhetens väggar, som är fyllda av minnen och saker efter Josefin. Gamla skolböcker och färgglada kritor och pennor står prydligt staplade på hyllan i köket. Hennes blå täckjacka hänger bredvid min, på kroken med det röda lilla hjärtat i trä. I hallen står hennes röda gummistövlar och bredvid stövlarna ligger en blå stickad vante slängd. Vi bor ju ihop, våra jackor hänger bredvid varandra i hallen, men Josefin själv är borta.

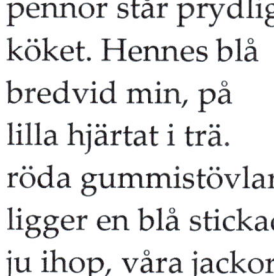

Jag är full av gråt och lägger mig i hennes säng och drar hennes tjocka duntäcke över mig. Jag överväldigas av känslor så starka att jag inte kan hantera dem. Jag är så himla trött att jag vill ligga kvar under täcket och aldrig stiga upp mer.

Det var mycket svårare än jag i min vildaste fantasi hade kunnat föreställa mig att komma hem från sjukhuset. Om natten låg jag hopkrupen och grät och förbannade att jag hade gått ut på balkongen. Jag förstod absolut ingenting och ville bara därifrån. Det var som om jag betraktade mig själv utifrån. *Dörren till mitt gamla liv slogs igen, jag tappade fotfästet och föll handlöst.*

Jag har svårt att minnas den första tiden. Jag kunde inte förstå och anpassa mig till omvärlden. När jag kom hem förväntade sig alla att jag skulle vara som vanligt. *Så var det inte, det var ju då allt började på allvar för mig.*

Det var alldeles tyst i lägenheten och telefonen ringde inte längre. Jag hade önskat att någon som höll av mig hade funnits där hemma hos mig. Jag grät på ett sätt som jag inte hade gjort på avdelningen. Det jag kommer ihåg av de första åren hemma är att de var så fruktansvärt ledsna och ensamma.

Jag hade behövt någon vid min sida. Någon som berörde mitt hjärta på djupet. Någon som jag kunde fråga om saker jag inte förstod. Någon som kunde förklara saker för mig. Någon som kunde hjälpa mig med sådant som jag inte klarade själv. Någon som jag kunde fortsätta att planera mitt liv tillsammans med. Inte för en sekund skulle jag tro att vi tillsammans inte skulle klara det.

Varje dag var en kamp, och jag förstod inte hur jag skulle klara av den. Det spelade ingen roll vad jag gjorde, för det var ändå som det var. Jag kunde inte skilja på dröm och verklighet, dag och natt. Det kändes som om jag ville stänga av världen och dra ner den mörka rullgardinen.

Jag satte lappar överallt: lappar på telefonen vem jag skulle ringa, lappar på kylskåpet vad jag skulle handla, lappar i hallen vad jag skulle göra under dagen, lappar på spegeln när jag skulle till psykologen, lappar på säng-bordet när barnen skulle komma och hälsa på. Hela lägenheten var full av lappar. Mina anhöriga blev oroliga när telefonen tutade upptaget hela kvällarna, men det var bara jag som glömt att lägga på luren.

Jag gjorde allt jag kunde för att bli bra. Jag gick hos min läkare på neurologen, jag gick hos min neuropsykolog och min kurator. Jag gick hos logoped, sjukgymnast och stresskonsult. Jag gick och tränade och fick massage på SATS. Jag gick långa promenader med stavar och jag åt mina mediciner.

Jag läste mycket och omgav mig med böcker, som ju sätter igång många tankar och känslor. Jag skrev brev och annat som jag gick och funderade på. Jag lyssnade på musik, jag läste dikter och jag målade akvarell.

Visst har jag haft många mörka stunder, men bara någon dag, sedan måste jag våga hoppas igen. Jag måste försöka göra mig modig. Jag måste försöka göra mig stark. Om inte annat så för barnens skull måste jag vara stark.

Jag har skrivit kärleksfulla brev till barnen och har fått gulliga små lappar tillbaka. Jag har sett barnen himla med ögonen, sucka djupt och fnittra lite nervöst när jag försökt förklara hur jag fungerar nu och hur jobbigt jag tyckte allt var. Jag har fått många gosiga kramar och uppmuntrande ord. Jag har blivit bjuden på middag och hastigt påkomna fikastunder i gröngräset.

Jag har fått plockade blommor och påsar med nybakade bullar. Jag har skrattat och haft mina bästa vänner att gråta ut hos. Jag har mött många människor med stora hjärtan som med värme, omtänksamhet och skratt sprider glädje och god stämning runt sig.

En kväll, när jag varit hemma från sjukhuset några veckor, kom mina vänner och grannar och dukade upp med te och tände ljus i min lägenhet. Jag är så oändligt tacksam för det. Varje kram och omtänksamt ord har gjort att jag orkat en stund till. Någon hjälpte mig att lägga tvätten i tvättmaskinen och någon sprang till butiken i hörnet och köpte mjölk och bröd.

Mina vänner, de visste ju. De visste om att jag ramlat ner från balkongen och hur jag kämpade för att komma tillbaka till livet, men varje gång de träffade mig var jag ju så glad, så charmig och så full av tillförsikt, så de tänkte att hon klarar sig nog rätt bra själv.

Det här med vänskap har varit lite konstigt. Personer som jag inte kunnat ana har fått väldigt stor betydelse medan andra helt försvunnit. En del av mina vänner hörde inte av sig, de lyfte inte luren för att höra hur det var. Plötsligt blir man inte bjuden eller räknas med. Man tror att man känner någon, man tror att man tycker om någon. Man tror att personen är bra och omtänksam på alla sätt och vis.

Men jag har kommit till insikt om vilka som är mina riktiga vänner, de som fanns där när det var riktigt tufft. *Du glömmer människor du mött. Du möter människor som glömmer dig. Men ibland möter du människor som inte glömmer. Det är de som är dina vänner.*

Jag var så dålig, och det var så mycket jag inte förstod! Det var så mycket jag skulle hålla i huvudet. Det var så många främmande människor som sprang in och ut i min lägenhet, så många namn och telefonnummer, och allt blev bara vimsigare och vimsigare. *Vad gjorde alla människor i min lägenhet egentligen?*

Ena sekunden ville jag gråta, för jag tyckte att personalen i hemtjänsten var så snälla och gulliga, nästa sekund ville jag slänga ut allesammans genom fönstret för att de inte förstod någonting. Ibland vägrade jag öppna dörren när hemtjänsten kom och ibland låg jag och sov när de kom.

Jag har funderat över hur många personer jag förväntades ha en relation till efter att jag kommit hem från sjukhuset. Det var olika människor som städade, olika människor som handlade och olika människor som tittade till mig.

De kom fyra gånger om dagen, men ingen av alla dessa människor satte sig ned vid mitt köksbord en enda gång för att förklara eller försöka få någon struktur på min vardag. Det slutade med att jag avsade mig hjälp från all hemtjänstpersonal. De tröttade mig mer än de hjälpte mig. *Varje samtal och tid som skulle passas innebar ansträngning. Hjärnan var så långsam. Så trött.*

Jag klarade inte av att själv hålla ordning på medicinerna eller ens förstod hur jag skulle hämta ut dem på apoteket, så till en början fick jag färdigförpackad Apodos hem i brevlådan, men det hände att jag klämde in en halsduk i brevinkastet så att de inte kunde stoppa in medicinerna!

Dagarna och nätterna flöt samman. Ja, ni vet ju själva hur dagarna kan försvinna i en virvelvind av allt möjligt. Eller precis ingenting. Ingen förstod sig på mig eller kunde på något sätt hjälpa mig. Jag hade velat bli omhändertagen av varma och fina människor som förstod mig, helst några som jag lärt känna redan innan jag blev utskriven från sjukhuset. Jag var så oändligt ensam.

Jag försökte vara duktig när jag kom hem, även om jag fick total panik av att vara ensam. Jag var förvirrad och förstod just inget. Jag hade fullt upp med att hålla balansen och ramlade ofta. Det var många kaotiska och förvirrade dagar, månader och år.

Jag förstod inte hur jag skulle orka! Jag klarade ju inget. Ingen kom när sängen behövde bäddas, när kylskåpet var tomt eller när tvättkorgen var full.

Den hjälplöshet som uppstår när man inser att livet har förändrats är svår att beskriva. Känslan av att allt är så osannolikt att man har svårt att ta in det. Jag vaknade ofta på nätterna och kände att livet var en kolsvart mardröm.

Jag hade förlorat livsgnistan, närminnet och hela min framtidstro. Jag hade svårt att sova, jag förstod inte vad jag läste, jag kunde inte räkna och jag förstod egentligen inte så mycket alls. Det var papper som damp ner i min brevlåda och människor som ringde på telefonen och pratade om saker jag inte förstod. Än mindre kom jag ihåg vad de sagt när jag hade lagt på luren.

Det var människor från sjukhuset. Det var människor från dagrehab. Det var människor från Försäkringskassan. Det var människor från Folksam. Det var människor från Arbetsförmedlingen. Det var människor från hemtjänsten. Det var Magnus och barnen. Det var min syster och min bror. Det var vänner, bekanta och grannar.

Det var ingen som satte sig ner för att förklara eller för-söka få struktur på min vardag. De frågade inte hur jag mådde. De frågade inte om jag fick i mig någon mat. De frågade inte om jag tog mina mediciner. De frågade inte om jag ville med ut på en promenad. De frågade inte om jag hade lämnat in min olycksfallsförsäkring. De frågade inte om jag hade betalat mina räkningar.

Jag kände mig så fruktansvärt övergiven och hjälplös. Först då började jag förstå på riktigt vad som hänt mig!

Det var en så förlamande känsla att inte kunna ta hand om det mest basala med sig själv och sin egen familj.

Jag har sett många stjärnhimlar om nätterna då jag inte kunnat sova. Då allt jag önskade mig var att någon skulle ringa och säga: "Hej, jag har tänkt på dig."
Som vore du vinden som knackade på. Jag har hört regndroppar mot fönstrets glas som tröstande, viskande ord i natten.

Det enkla och vardagliga har räddat mig de dagar jag undrat om jag någonsin skulle klara mig själv. För även om du är sjuk ska du handla mjölk och soporna ska slängas. Man ska träna, handla, diska, tvätta, laga mat och betala alla räkningar.

Jag fokuserade på att göra vanliga saker och att ha tider att hålla. Att duscha. Att tvätta håret. Att borsta tänderna. Att torka mig med badlakanet. Att borsta håret. Att ta på mig trosorna. Att ta på mig tröjan. Att dra upp blixtlåset i jeansen. Att ta på mig strumporna. Att knyta skorna. Att gå nerför trapporna. Att hitta till affären.

Jag var ledsen och bortdomnad och när jag gick till affären och tittade in i lägenheterna såg jag familjer som satt tillsammans och åt middag. De pratade, skrattade och skålade i fina kristallglas och jag kände mig så fruktansvärt ensam och utanför. Så som man gör när man står utanför precis allt. Jag hade ingen att träffa och ingen som kom och hälsade på. Då kände jag bara för att börja gråta.

Rätt och slätt bryta ihop inne på Konsum, bland alla konservburkar, mjölpåsar och torkade plommon.

Jag ramlade många gånger men försökte ändå resa mig upp. Det var viktigt för självkänslan att klara mig själv. Nu förstod jag vidden av skadan och insåg vad den kostat. Lusten var borta och det handlade bara om att klara av dagarna och låta tiden ha sin gång.

Men skam är så förödande. Jag kan numera skratta åt mitt utanförskap, det kunde jag inte då. Det är bara ibland, när jag tänker på hur fantastiska liv alla andra har och hur lyckliga de är. Det kan få mig att känna mig totalt lamslagen.

Det kommer en dag då hon inte förmår lura sig själv längre. En tyst gråt utan ände. Varje droppe så tung att det gör ont i huvudet. Och hon blir tystare och tystare, medan alla tror hon har kommit tillbaka. Så ingen hinner se att hon nu är på bristningsgränsen. Hon gråter små tårar som bränner på kinderna. Minnena gör så ont, så ont.

Jag skulle ha behövt en liten skyddsängel som tittade till mig om kvällarna. En liten ängel som skulle fånga upp mig när jag höll på att ramla. En liten ängel som viskade i mitt öra: "Du behöver inte vara rädd, för jag ska hålla om dig och kommer att vara kvar här hos dig tills du somnat."

Natt efter natt kommer tankarna från sjukhuset. De singlar sakta nerför gardinen och snuddar vid min kind.

Onsdag på en fredag

Onsdag på en fredag, tisdag på en lördag och söndag på en måndag. Jag skulle ha vågat säga till folk att jag inte visste vad det var för veckodag.

Jag skulle ha behövt någon som hjälpte mig när jag kom hem från sjukhuset och visade mig runt hemma. Det hade varit bra, för jag hittade inte i min lägenhet.

Jag skulle ha behövt någon som hjälpte mig att handla mat och bar hem de tunga matkassarna till min lägenhet. Det hade varit bra, för jag hittade inte till Konsum. Jag skulle ha behövt någon som hjälpte mig att laga maten och såg till att jag åt. Det hade varit bra, för jag vet inte vad jag stoppade i mig den första tiden efter olyckan.

Jag skulle ha velat att någon förstod att jag inte kunde slå upp ett nummer i en telefonkatalog och att jag inte kunde komma vidare i en telefonsluss. Det hade varit bra, och faktum är att jag fortfarande inte klarar att komma vidare i en telefonsluss. Jag skulle ha velat att någon hjälpte mig att skriva rent min adressbok. Det hade varit bra, för jag har fortfarande en massa lösa lappar med telefonnummer.

Jag hade velat att någon påminde mig om när jag skulle gå till doktorn och hjälpte mig att hitta till sjukhuset och såg till att jag fick mina mediciner på apoteket. Det hade varit bra, för jag glömde bort att gå till doktorn och jag förstod inte hur jag skulle hämta ut min medicin.

Jag hade velat att någon lärde mig cykla igen och talade om för mig vilken sida jag skulle cykla på och annat som är bra att veta när man är ute i trafiken. Det hade varit bra, för jag bara vinglade omkull och ramlade när jag försökte.

Jag hade velat att någon lärde mig hur jag skulle betala mina räkningar. Då hade jag inte fått så många betalnings-påminnelser och inkassobrev. Det hade varit bra, för jag behövde mina pengar till annat än förseningsavgifter.

Jag skulle ha velat att någon var med och förde min talan när jag skrev över huset som Magnus och jag samägde på honom.

Jag skulle ha velat att någon pratade med mig, så att jag var med på att min röda Saab skulle säljas. Plötsligt en dag kom någon och ville ha bilnycklarna för att sedan backa ut min bil från gården.

Jag skulle ha velat att någon visade mig hur man skulle ta ut pengar. Ofta fick jag be en obekant människa om hjälp, för jag förstod inte hur jag skulle göra. Det hade varit bra, för jag glömde många gånger mina pengar i bankomaten.

Jag hade velat att någon påminde mig när deklarations-blanketterna skulle vara inne. Det hade varit bra, för jag glömde ofta att lämna in dem.

Jag hade velat att någon påminde mig om när vintertid skulle slå över till sommartid. Det hade varit bra, för jag kom för sent till möten eftersom jag glömde att ställa om klockan.

Jag skulle ha velat att någon ringde hem till mig och sa: "Hej, Karin, hur mår du? Vill du att jag ska komma hem till dig i morgon och hjälpa dig med nåt?" Det hade varit bra, men de flesta hade fullt upp med sina egna liv.

Jag skulle ha viskat att jag behövde hjälp.
Jag skulle ha skrikit att all hjälp tas tacksamt emot!

Om jag bara hade kommit på att göra det, men det gjorde jag aldrig.

Hej, doktorn!

Träffade dig i lördags på psykiatriska jourmottagningen i Karlstad.

Var där också på fredagen och träffade en annan läkare, vars namn jag inte uppfattade, om jag nu uppfattade något av det han sa? Upplyste honom om att jag varit ute för en svår fallolycka och hade ådragit mig en traumatisk hjärnskada. Då tar man för givet att en läkare ska förstå att han måste vara tydlig, inte prata för fort och vända ansiktet mot den han pratar med.

Den här läkaren var otrevlig och började nästan skrika i stället för att prata med mig, precis som om det skulle vara lättare att höra och förstå då?! Vid två tillfällen gick jag ut ur rummet, för jag kände mig så ledsen över att bli behandlad på det sättet.

Min tvillingsyster som var med övertalade mig att gå in igen och höll i samtalet. Såg senare på mitt recept vad han hette, men det spelar mindre roll. Men det vore en fördel om läkaren kunde språket, förstod lite om hur det svenska samhället fungerar och självklart hade respekt för sin patient.

Så olika ni arbetade och pratade med mig. Du var så himla gullig och snäll, jag kommer nog alltid att komma ihåg dig för det. Tusen tack, snälla du!

Du satte dig nära mig och lyssnade på vad jag hade att säga och tittade mig i ögonen när du pratade. Såg allvaret bakom det hela, då jag mått dåligt hela tiden efter min olycka. Samtidigt kunde du kosta på dig att skämta och ha glimten i ögat. Du såg att det fanns en människa bakom namn, personnummer och diagnos.

Jag har mött många läkare efter mitt olycksfall och senare under min rehabilitering, men förvånansvärt få som du. Det verkade som om du brydde dig på riktigt och var mån om mig. Det är sådant jag uppskattar efter att ha varit i "vårdsvängen" i snart två år.

Vad är det som gör att vissa människor gör outplånliga intryck, medan andra går spårlöst förbi?

När jag åkte till Kristinehamn och vände

När jag kommit hem från sjukhuset gick jag på dagrehab varje dag. Oavsett hur jag mådde gick jag dit och tränade.

Den här perioden var väldigt snurrig och kaotisk för mig. Jag var väldigt dålig och ingenting fungerade. Jag kände mig konstig, annorlunda och passade inte in någonstans.

Så en dag orkade jag inte längre och bestämde mig för att ta sömntabletter, för jag tänkte att tar jag tabletter måste väl någon komma och hjälpa mig?!

Ett par grannar hittade mig omtöcknad och körde mig till psykiatriska jourmottagningen. Jag fick prata med en läkare, som ansåg att jag skulle vidare till Mariebergs-klinikerna i Kristinehamn, men först fick jag sova över på jourmottagningen i Karlstad.

Det var ingen som frågade hur jag mådde, det var ingen som frågade varför jag tog tabletterna, det var ingen som frågade om jag hade någon hemma som undrade var jag var!

På morgonen åkte jag med två vårdare till Kristinehamn. På avdelningen blev jag mottagen av en gullig sköterska, som guidade mig runt. Hon frågade om det var något jag inte tålde, vilka sovvanor jag hade och om jag ville ha ett tjockare täcke. Hon frågade om jag ville se på tv. Hon sa att nästa dag(!) skulle jag få prata med en psykiatriker. Sedan lämnade hon mig där.

Det var ingen som frågade hur jag mådde, det var ingen som frågade varför jag tog tabletterna, det var ingen som frågade om jag hade någon hemma som undrade var jag var!

På morgonen var det dags för läkarsamtal. Jag gick in i ett rum där det satt två psykiatriker. De pratade med mig några minuter och sedan med varandra, och sedan med mig igen. Jag kommer inte riktigt ihåg vad de sa, men de ansåg inte att det var något större fel på mig, så jag blev utskriven!

Det var fortfarande ingen som frågade hur jag mådde, det var ingen som frågade varför jag tog tabletterna, det var ingen som frågade om jag hade någon som undrade var jag var!

Jag packade ihop min lilla väska, krånglade mig ner för trapporna och ställde mig utanför ingången. Någon hade sagt till mig att bussen till Karlstad kommer om du bara går ut och väntar. Så jag väntade. Och väntade.

Jag stod kvar tills det långt senare kom en sköterska och frågade varför jag stod där, för busshållplatsen låg ju ute vid stora vägen, vilket jag inte hade fattat. Jag fick skjuts med henne till Karlstad och hon släppte av mig vid Konsum på Herrhagen. Där fick jag återigen fråga någon hur jag skulle hitta hem till min lägenhet.

Och så skrevs en remiss från Mariebergsklinikerna till psykiatriska kliniken i Karlstad. Snart får jag träffa någon som hjälper mig, minns jag att jag tänkte. *Snart är det någon som kommer att hjälpa mig och allt kommer att bli bra.*

Jag fick en tid på allmänpsykiatriska kliniken och träffade en läkare, som skrev ut mera medicin till mig. Han skulle träffa mig en gång varannan månad! Han som jag trott skulle hjälpa mig att reda ut mitt tilltrasslade liv, som jag med min hjärnskada inte kunde reda ut själv.

Små skorpsmulor av omtanke

Kanske för att jag inte längre hade kraft att upprätthålla fasaden när jag var till min läkare på neurologen, fick jag den hjälp jag så länge behövt. Jag fick äntligen träffa en neuropsykolog.

Hon var den som fick mig att börja prata, så att jag kunde förstå och sätta ord på mina upplevelser. Hon lyssnade tålmodigt och förstod direkt när jag berättade något.

Vilken tur för mig att Torunn jobbade på neurologen och att jag fick möta henne. Hon var den som fick mig att se små ljusglimtar när allt var så mörkt omkring mig. Det var hon som fick mig att våga hoppas. Jag började upptäcka livet på nytt under hennes vägledning. Jag förstår nu efteråt hur viktigt det är att ha någon att lita och tro på.

Knappt märkbart i början, men hon gav mig ändå ett litet hopp. Hon vägledde mig med sådan ömhet. Det var som om jag aldrig var ensam när jag hade henne. En kärleksfull och ömsint människa, som alltid kommer att finnas där. Hon rörde vid mitt hjärta och fick mig att börja tro på livet igen.

Tankarna fördjupades när de formulerades i en dialog med henne och jag fick tillbaka dem i meningsfulla speglingar. Det stimulerade mig att berätta och försöka komma vidare. Hon gav inte bara empati, utan sa att jag var bra. Jag kände mig duktig. Jag kände att hon verkligen brydde sig. Jag kände att hon tyckte om mig på riktigt.

Jag var helt oförberedd. På hennes omtanke. På hennes närvaro. Det var inte bara klokt och stöttande det hon sa, det var omtänksamt. Hennes ord gick rakt in i både mitt hjärta och min hjärna. Där och då bestämde jag att hon och jag måste få fortsätta denna fina psykolog/patient-relation. Det var inte tal om att fråga snällt, det måste bara bli så.

Jag ville prata med henne igen. Om min olycka. Om mina svårigheter. Om mina förhoppningar. Om mina drömmar. Om mina barn. Om samhället. Om livet. Jag ville veta vad hon tänkte om allt. Det bästa med att få berätta för henne hur jag tänkte var att i stället för att bara vara ensam, arg, ledsen och frustrerad hade jag någon som förstod precis vad jag menade.

Jag ser henne fortfarande framför mig. Hon var en ängel, som trillade rakt ner i min famn. Hon fanns där, när jag inte visste hur jag skulle fortsätta framåt. Om någon kunde ge mig en tro på framtiden, så var det hon.

Hon har hjälpt mig att se saker på ett annat sätt. Jag vet inte hur det gick till, men mitt i allt prat om olyckan och mina skador, svårigheter och komplikationer, försäkringar och pengar, fastigheter och lån, betalningspåminnelser och inkasso, Magnus och barnen, hemtjänst och mediciner, vardagliga bekymmer och vänner som slutade höra av sig, så fann vi varandra. Vi fick en sådan fin kontakt, och det kändes som om hon var min tvillingsjäl.

Jag var så nöjd och glad för den stund som var Torunns och min tillsammans. Varannan vecka i flera år fanns hon där och hennes omtänksamhet fortsätter varje gång vi umgås på Facebook.

Hon påminde mig om att vi aldrig är så unika snöflingor som vi tror. Vi är nästan likadana allihop och kan hjälpa varandra om vi bara inser det. Jag är stolt över att ha fått vara hennes patient. Hon tyckte om mig för den jag var. Inte för den jag önskade framstå som.

Många stödjande och tillmötesgående samtal som var ovärderliga för mig, och jag saknar dem oerhört än idag. Jag var jättejobbig och det krävdes tålamod och finger- toppskänsla för att hantera mig på rätt sätt. Men jag kan nu hitta till ett inre rum, där olyckan inte når mig längre.

När man är så svårt skadad som jag var, då har man svårt att välja mellan olika alternativ och behöver handfasta råd. Inga lösa vingliga samtal. När jag mådde som sämst skulle hon inte fråga utan bara bestämma att så här gör vi. Och sedan gör vi så. Vilken lättnad det var. Det var så många beslut och saker jag var tvungen att ta ställning till hela tiden.

Jag är tacksam för att hon lämnade även svåra besked på ett så fint sätt. Hon var professionell och medmänsklig och gav mig trygghet när hela min värld rasat samman. Jag litade på henne till hundra procent.

Hon sa till mig att jag skulle bli så mycket bättre. Att jag själv skulle tro på och lita på min egen förmåga. Hon gav mig hoppfulla drömmar och modet att tro på mig själv. Hon delade med sig av sin styrka, så att jag kunde lyfta. Hon slösade med sitt hjärta, så att mitt blev lite lättare.

Jag bär henne fortfarande inom mig. En tyst närvaro. Är jag ledsen någon dag, kan jag lägga mig i soffan och dra ett tjockt täcke omkring mig, och ett samtal som hon och jag haft rör sig mjukt i mitt huvud. Efter en stund känner jag mig lugn och tillfreds och återgår till vardagen.

Det var Torunn som uppmuntrade mig att börja skriva på allvar, och jag hängde på hennes tankar att skriva en bok. Vi talade i timmar och hon var en stor inspirationskälla. Hon fick mig att se mer ödmjukt på mig själv och känna tillförsikt till allt det nya i mitt liv.

Kanske var det känslan av att det jag tillförde i våra samtal var viktigt som gjorde att de blev så bra. Att jag kunde tillföra något i hennes yrkeskunnande. Att jag inte bara hamnade i högen med journaler över hjärnskadade patienter.

Torunn fick mig till och med att våga delta i en konferens för vårdpersonal år 2008 och berätta om vad jag upplevt.

Intervju på Karlstads CCC
Frågor ställda av Torunn Engloo, neuropsykolog

Kan du berätta vad som har hänt dig?

Jag kan försöka. Detta är kontentan av många kraschade minnesbilder och saker som jag har fått berättat för mig. Den senaste veckan har jag också fått hem mina journaler, även om jag inte läst så många rader. Det är lite otäckt att läsa om sig själv, det känns som om jag stod utanför och tittade på.

Jag har fått börja om mitt liv helt från början…

Det är som att du har mormors fina gamla blommiga kaffekopp i handen. Oj,oj,oj! Du tappar den i stengolvet. Krasch!!! Skärvorna flyger åt olika håll och du kryper där på knä och ska försöka pussla ihop alla små bitar. En del hittar du och en del har försvunnit.

Du gör så gott du kan, men skärvorna passar inte helt och kaffekoppen blir aldrig riktigt som den var förut. Det är många sprickor i den, det blommiga mönstret stämmer inte och det är någon bit borta, men det är kanske det som är charmigt.

Senare kan du ibland hitta en liten bit när du städar, en liten skärva av ditt liv. Du vet inte riktigt var den kom ifrån, men du har i alla fall hittat den.

På vilket sätt blev du förändrad?

Hela vänster sida är svag. Problem med finmotorik och koordination (plocka ur diskmaskinen, hänga upp något på en galge, vispa, ta fram pengar ur plånboken, hänga upp handväskan på axeln, packa i matkassen på ICA, ta på mig jackan).

Yrsel och balansproblem (stor koncentration vid varje steg, måste ofta ta stöd).

Minnesproblem (vad som sägs vid ett telefonsamtal, hur man använder en dator, hur man beställer en tågbiljett, vad som hänt i mitt liv och i omvärlden)

Svårt att göra flera saker samtidigt.

Depression och ångest.

Uttalad trötthet och orkar inte hålla koncentrationen uppe någon längre stund (svårare att läsa böcker, måste vila i dagar när jag har umgåtts med folk).

Dålig tidsuppfattning (vet inte när saker har inträffat, svårt att hålla isär dagarna).

Inget lokalsinne.

Stress- och ljudkänslig.

Tappar lätt ord och har svårt att komma ihåg vad en del ord betyder (svårt att delta i samtal, avskärmar mig socialt).

Mindre tålamod och förståelse. Osäkerhet i sociala sammanhang. Lite lägre social tröskel än tidigare. Kan säga saker utan att riktigt förstå hur det uppfattas av andra.

Inte lika emotionell, blir inte lika lätt ledsen.

Roligare, säger mina barn. Det hoppar lätt ut små gröna grodor ur min mun!

Vad är dina största svårigheter idag?

Tröttheten och att jag inte orkar hålla koncentrationen och att få struktur på min vardag. Svårt att klara ekonomin och hålla koll på pengar. Att få människor runt omkring mig att förstå att jag inte fungerar till hundra procent. Jag kan till exempel inte leta i en telefonkatalog, hitta till affären, förstå hur man sätter på en dammsugare, laga mat efter recept.

Vilka förberedelser gjordes från sjukhuset inför din utskrivning?

Information om frikort för läkarvård och om hemtjänst.

Vilken ytterligare rehabilitering har du fått?

Dagrehab i Haga, fysisk träning och minnesträning.
Frykcenter, fysisk träning.
Psykiatriska öppenvårdskliniken, arbetsterapi.

Vilket stöd fick du från kommunen när du kom hem?

Jag fick hemtjänst 4-5 gånger om dagen. Olika människor som ringde på dörren och såg till att jag var uppe på morgonen. Olika människor som städade och handlade. Men ingen av alla dessa människor hade tid att sätta sig ner i fem minuter. De såg väl till att jag var vid liv, men mer var det inte. Så här efteråt förstår jag inte hur de kunde släppa hem mig ensam, med tillsyn visserligen, men ändå. Så att jag fick i mig mat och mediciner som jag skulle. Många mediciner hade jag att ta, men inte någon person jag kunde fråga eller prata med. Bara en massa människor som sprang in och ut i lägenheten.

Vilket stöd har du idag?

Jag har mycket stöd av Magnus, barnens pappa. Han har funnits där, när ingen annan fanns och jag har stöd av min syster, men hon arbetar heltid och har fem barn så det är begränsad tid.

Jag har själv ordnat en kontaktperson (privat) som hjälper mig med olycksfallsförsäkringen.

Från kommunen kommer nu (3,5 år efter utskrivningen från sjukhuset!) en kvinna från Trygghetsrådet hem till mig två gånger i veckan för att se vad jag har för behov av hjälp. Men hon kommer bara att komma ett par veckor till. God man är på gång och en sjuksköterska kommer att ta kontakt med mig för medicinutdelning varje vecka.

Har du mycket stöd av dina barn?

Nej, inte mycket, men det är delvis mitt eget fel. De är på väg ut i livet, och att då samtidigt ta hand om sin mamma är väl inte det lättaste. Jag gjorde själv det som ung, fanns till hands för min mamma som var sjuk i många år. Så jag önskar att de får njuta av den här tiden, när de är unga och livet är så speciellt.

Vad har du saknat?

Jag har saknat att ha en enda kontaktperson med övergripande kunskap och ansvar om mig! Som kunnat svara på frågor som dyker upp, talat om vart jag ska vända mig, berätta om hur olika instanser fungerar och vad som är viktigt för mig att göra i nästa steg. Även nu. Det handlar om hjälp med telefontider, tjänsteärenden, telefonsvarare, semestervikarier, sjukintyg, försäkringar, hemtjänst, läkarbesök, kontaktpersoner, etc.

Man är otroligt utsatt när man bor ensam. Missade delar av min olycksfallsförsäkring då det inte var någon som hjälpte mig att lämna in papperen. Kanske det skulle finnas något slags checklista vem som ska göra vad. Jag var i så dåligt skick när jag kom hem från sjukhuset att jag inte ens hittade i min 3:a som jag då bodde i.

Även om det finns anhöriga kan de ha svårigheter att förstå vidden av en skada som inte syns. Barnen skulle ha behövt mer hjälp. Det blev konsekvenser i deras liv och det blir det fortfarande. Det känns märkligt att ha varit en prydlig, skötsam och omtänksam person till att nästan stå utanför allt! Som mamma vill du vara med hela tiden och det har jag inte kunnat vara.

Jag har varit ensam under himmelen på en slingrig stig. Jag har snubblat och ramlat omkull många gånger för det har varit många gropar i vägen. Det har varit svårt att resa sig och komma upp på fötterna igen. Jag skulle ha behövt någon som höll mig i handen.

Jag har gjort mängder av dumma saker. Köpt grejer av telefonförsäljare, på internet och i affärer. Lånat ut pengar och gett bort pengar. Låtit bli att gå på läkarbesök eller missat läkarbesök. Låtit bli att ta min medicin. Listan kan göras lång...

Ingen kommer väl att skicka polisen på mig om jag gör dumma saker även i fortsättningen. Min bakgrund och mitt kulturella kapital skyddar mig och det är måhända en garanti för ett hyfsat värdigt liv ändå.

Hur bra tycker du att samarbetet mellan dig, dina anhöriga, vårdgivare och stödpersoner från kommun och landsting varit?

Bristfälligt, och då menar jag kanske inte att den goda viljan inte funnits. Ingen har förstått mitt stora behov av att ha en samlande kraft som kunnat ansvara för att jag tar och upprätthåller de kontakter med olika instanser som är nödvändiga för mig. Det har varit så otroligt många personer inblandade, så även om jag inte hade haft den här skadan skulle det hela varit ett enda virrvarr av människor och byråkrati.

Jag sitter här idag för att jag inte fått den hjälp jag behöver för att strukturera upp min vardag. Som min son sa igår: "Hur hade det gått om du inte hade haft pappa?"

Jag äger min historia

Många stunder med Torunn hjälpte mig, men inte helt. Det som hjälpte mig mest var att jag en dag tröttnade på att gå och vara så ledsen. Jag tröttnade på att ständigt gå och tänka på olyckan. Så jag började skriva och berätta om den. Genom att skriva om olyckan började jag ta tillbaka min upplevelse. Jag försökte lappa ihop det som hänt.

Plötsligt var olyckan min tillgång, inte min fiende. Nu kunde jag säga: *"Ja, olyckan hände mig. Det är sorgligt, ofrånkomligt och ledsamt, men det hände."*

Idag kan jag berätta om olyckan utan att börja gråta. Jag låter mina känslor jobba **för** mig istället för **emot** mig.

Du får inte ta bort ett enda ord av det jag berättar för dig, för det är min alldeles egna historia. Tar du bort ett enda ord, så kanske jag vore någon annan än den jag är idag. Och det vill jag inte.

I gränslandet mellan två liv

Före olyckan fanns drömmen om att jobba som dekoratör och starta eget. Plötsligt en dag ramlar man, och livet förändras som genom ett trollslag.

Med det ena benet i livet före olyckan och det andra i livet efter olyckan går jag en balansgång på trötta vingliga ben. Det är inte alla dagar jag kommer ihåg vilket som är före och vilket som är efter. Dagarna och åren har gått men jag väntar fortfarande på att jag ska jag vakna en morgon och att allt ska vara som förut.

Jag befinner mig nu i situationer i livet som jag aldrig har befunnit mig i tidigare. *Jag svävar helt fritt och faller nästan dagligen ganska hårt i backen.*

Jag måste alltid tänka efter först innan jag handlar och framför allt talar och gör det mycket sällan i affekt. I bästa fall resulterar det i att jag kan förhålla mig rätt så cool till vad som händer runt mig, i sämsta fall blir resultatet att jag kommer på först långt efteråt vad jag borde ha sagt eller hur jag borde ha reagerat.

Sprickan finns där, sprickan mellan den jag är och den jag förväntas vara. I gränslandet mellan verklighet och fantasi, där skrattet och sorgen gnuggas mot varandra. Där många upplevelser blivit omöjliga att skaka av sig, och jag plågas av skam och rädsla för att bli missförstådd. *En farlig cocktail av förvirrande känslor.*

Det är anmärkningsvärt hur bra det kan gå om man bara inte vet att det inte borde funka. Mina svårigheter och skador blev som min hemliga identitet, för jag framstod som högpresterande på många områden. Men är det något jag gör, är det att tvivla på mig själv. Det är väl det mest allmänmänskliga som finns. Jag går hela tiden runt och väntar på att bli avslöjad. Varje gång jag känner så hugger paniken klorna i mig och de mest vardagliga händelser förvandlas till ödesdigra varsel.

Jag känner mig ofta som en bluff som någon när som helst kan avslöja. Denna någon är jag själv. Jag lägger själv kraven på mina axlar, och kritiserar ständigt mina ord, val och handlingar. Som inte tror på mig själv. Att när jag försöker vara den pålästa eller lättsamma när som helst ska säga något fel, som visar på att jag egentligen inte alls är den jag framstår som. Bara bekräftelsesökande och ingen man vill umgås med.

Det handlar om att alltid jämföra mitt sämsta jag med andras bästa jag och att vara oemottaglig för min egen karisma. Stjärnorna i ögonen som slocknar i takt med att verkligheten slår mig i ansiktet. Det handlar om att försöka fylla tomrummet i hjärtat med kärlek.

Jag är nu mycket försiktigare med vad jag berättar för folk. Många år efter olyckan var jag väldigt impulsiv, och stundtals hade jag inget omdöme alls utan berättade för alla som orkade lyssna om min olycka. Jag berättade det mest ömtåliga och det blev inte så bra alla gånger.

Jag passar nu på att vara ledsen och gråta när jag är ensam hemma för att inte behöva lämna ut mig till någon mer. En sådan här olycka sätter familj och relationer på så hårda prov. Det har varit svårt att få förståelse och stöd, men stödet från anhöriga och vänner är så himla viktigt. Det betyder allt.

Jag har egentligen inte vetat om alla mina känslor runt olyckan förrän nu efteråt sedan jag börjat skriva. *Känslorna blir alltid så mycket starkare när man ser tillbaka.*

Jag vågar egentligen inte tala om för någon att jag fortfarande är ledsen, för det är ändå ingen som förstår. Mina allra djupaste känslor av stolthet och skam de döljer jag för er. Jag har ju hela tiden trott att jag skulle bli bra, det var nog ett sundhetstecken att jag trodde det.

Jag är idag närmare mig själv och den jag var när jag var yngre. Den jag egentligen var, men aldrig vågade eller fick vara. Jag har varit rädd för så mycket. Det är jag inte på samma sätt idag. Jag tänker att när min dörr står på glänt ska jag inte vara rädd för att något skrämmande ska komma in utan se möjligheten att själv komma ut. Det finns kanske en mening med det som hände mig ändå, jag har lärt mig mycket om mig själv och andra under de här åren.

Åren efter olyckan var fyllda av ensamhet och utanförskap men nu är ensamhet något jag inte klarar mig utan.

Jag kan inte föreställa mig ett liv i balans, om jag inte får vara ifred.

Min skada förvånar mig ständigt, och varje dag händer oväntade och dumma saker som jag själv ställer till med. Jag orkar inte göra vad som helst eller umgås med vem som helst, så jag måste välja med omsorg. Jag känner mig inte riktigt hemma i någon av världarna längre.

Även när jag känt mig som mest annorlunda har jag tyckt att jag ändå hört till, men likväl påminns jag ständigt om att jag är lite utanför. Det är som om jag lever lite bredvid samhället. Jag förstår inte helt de sociala koderna längre.

Jag känner mig inte som en hjärnskadad person, samtidigt som jag upptäcker det varje dag. En känsla som är svår att förstå. Jag blir frustrerad över att jag inte kan kontrollera och filtrera tillvaron helt. Jag känner mig inte hemma i den stora världen längre. Jag känner mig mest hemma i min egen lilla lägenhet. I min egen lilla vrå av världen.

Jag tänker inte ge mig förrän jag förändrat människors hållning till den här tabubelagda diagnosen. Så att folk vågar prata om den. Så att de vågar fråga. Jag har haft många tycka-synd-om-mig-själv-perioder efter olyckan och det har varit jättejobbigt varje gång.

Att förlora orden, att inte komma på vad jag ville säga, det har nästan varit det svåraste. När det såg ut som om jag var på väg tillbaka till livet, då kom bakslagen.

Jag gick igenom så många jobbiga år och spelade duktig, men till slut orkade jag inte mer. Jag kunde inte värja mig och kände att jag blev så otroligt ledsen, för jag hade kämpat så hårt för att få människor att förstå. Och så förstod de ändå inte.

Så jag tvingade mig att börja skriva för att inte börja bygga någon tjock mur av självförakt. Jag försöker se det som början på något nytt. Dagarna nu börjar nästan påminna om dagarna jag hade före olyckan. Det kanske är fint att få vara med i livet ändå?

Jag har nu slutit en cirkel och försöker säga adjö till det gamla livet och välkommen till det nya. Kanske behövde jag olyckan för att komma tillbaka till den jag var. Allt jag varit med om kommer tillbaka och upplevelserna behöver inte stå i motsats till varandra. Det är inte alldeles säkert att jag skulle vilja vara som innan olyckan.

Men det känns som om jag blivit bestulen på många betydelse-fulla år av mitt liv. Jag har gått miste om så många dagar. Och jag går miste om den här dagen också.

Förlåtelsebrev till alla i bokklubben

Jag vet att jag överreagerade inför mötet hos Caroline. *Förlåt, kände bara att jag inte orkade med er just då!*

Det är bara att det har varit så mycket och ibland bubblar det över. Ingenting är sig likt sedan olyckan, världen är sig inte lik och människor är sig inte lika. Jag är mig inte heller lik.

Det är svårt att förstå att livet kan ta sådana vändningar. Jag har ju läst och hört om människor som råkat ut för olyckor och andra tråkigheter, men på något sätt trodde jag ändå inte att någonting skulle hända mig själv.

Varje morgon, du vet, innan du hunnit vakna på riktigt. Då ligger jag där i sängen, blundar och drar täcket över huvudet och tänker: det är bara en otäck mardröm, det är inte så här på riktigt. *Men det är just så här det är!!*

Jag tappade bort mig själv den där dagen jag föll. Men visst går det att bygga upp ett helt liv igen, men det är jobbigt!

Jag mår bra de flesta dagarna, när jag får gå här i min egen lilla bubbla och göra allt i mitt eget tempo, när det inte händer saker för snabbt och för mycket. I min egen lilla värld. *Det är först när jag tittar in i era världar och ska försöka hänga med och inte klarar det. Det är först då jag inser vidden av min skada.*

Jag har läst mina journaler också. *Hjälp, är det verkligen mig det står om?* Förstår inte att de vågade skicka hem mig från neurologen utan något slags stöd. Jag skulle helt klart ha behövt en personlig assistent. Minst en. Eller trodde de att jag hade mer stöd? *Jag skulle önskat att de inte bara trodde!*

Jag minns när jag var med er till Rom och inte orkade hänga med er utan fick stanna på hotellrummet ett par kvällar. *När vi är i metropolen Rom!* Eller då Josefin och jag var till Stockholm och jag tappade bort henne, *jag som är hennes mamma!* Eller när jag var och hälsade på Kristoffer i Göteborg, då det blev tvärstopp vid en rulltrappa och jag inte vågade åka eftersom jag hade ramlat i rulltrappor flera gånger. *Var livrädd att göra det igen, och tårarna kom!*

Särskilt som samhället är nu när allt ska gå så snabbt, när man bara kan trycka på en knapp och så händer något. *Jag hinner inte med mitt eget liv!*

Jag missuppfattar vad människor säger till mig. Många gånger kopplar jag inte så snabbt eller så kopplar jag fel *eller kopplar inte alls!!* Har tagit fel buss och hamnat i fel bostadsområde eller ska hälsa på någon *och hittar inte dit!*

Eller ska gå ner till älven där jag bor. I början fick jag nästan krypa, nu går det lite bättre. Eller då jag är i någon butik och inte hittar det jag ska ha eller inte förstår någon skylt. Då får jag säga för femtielfte gången den veckan: "Jag har varit med om en olycka, kan du hjälpa mig?" *Och visst, det gör de så gärna, men det känns, ska ni veta!*

Tur att jag har bra självkänsla, annars hade det inte varit många skorpsmulor kvar av mig! Dolt handikapp. Jag vill inte ha något handikapp, inte ens något som är dolt. Jag vill vara som vanligt. Den gamla Karin. Den Karin som jag är på insidan. Den Karin som tror hon kan allt själv och orkar hur mycket som helst.

Det är ju **alltid** jag som har hjälpt alla människor runt omkring mig. *Jag var betydligt bättre på att ta hand om alla andra än att ta hand mig själv!*

Traumatisk hjärnskada - det är ett starkt uttryck. Man kanske inte vet vad man ska säga? Eller vet hur man ska hjälpa till och låter hellre bli att ta kontakt. Och nu är det jag som behöver be om hjälp. *Det är riktigt svårt!!*

Som Torunn, neuropsykologen, sagt till mig: du är unik som har en så svår skada som inte märks. *Nej, den märks inte men jag märker den ju själv varje dag!* Jag har skrivit en hel del ända sedan olyckan om alla turer med så många människor. Ingen som läser vad jag skrivit skulle kunna tro att jag har sådana svårigheter!

Hade jag haft en riktigt svår hjärnskada och suttit i rullstol eller haft ett ben som släpat efter, då hade ju folk sett och tagit hänsyn, tror jag i alla fall. *Det tog 3 år 11 månader och 24 dagar innan jag fick en god man!!* Jag bollades mellan så många olika människor och instanser.

Den gode man jag har nu fungerar det inte med. Lovar saker som hon sedan inte håller. Och det jag behöver är just lite struktur. *Så nu har jag dumpat henne!*

Oj, så mycket det blev skrivet...
Vi ses hos Kina i oktober!
(*Om jag nu inte blivit utesluten?!*)

Tatiana: Första gången jag träffade Karin

Jag kommer ihåg det mycket väl, då det alltid innebär en viss nervositet när man ska träffa sin pojkväns mamma för första gången.

Mitt kärleksintresse vid den tiden hette Kristoffer. Han hade vid många tillfällen berättat väldigt utförligt om sin mamma och hennes livsomvälvande olycka, så jag var väl insatt i vad som hänt och hur det hade påverkat en hel familj.

Jag frågade någon gång om hans tankar och funderingar kring det hela. Svaret jag fick var mycket oväntat och ganska rart: "Morsan har faktiskt blivit lite modigare och tuffare nu, gladare på något sätt."

Eftersom jag redan hade så mycket kött på benen när det kom till Karin, så infann sig känslan att jag redan kände henne innan vi ens setts. Hon slog mig som en väldigt varm och kärleksfull kvinna, och mycket yngre i sinnet än de år hon har på nacken. Detta tror jag inte beror på hennes skada, utan det är bara ett mysigt personlighets-drag som tittar fram under den mörka luggen.

Hennes lägenhet var mycket trivsamt inredd och böckerna i bokhyllan vittnade om ett stort läsintresse. Min pin-samma och dömande sida tyckte detta var märkligt, eftersom jag trott att Karin hade svårt med läsandet.

Nu i efterhand vet jag ju att det kan vara tröttande för henne att sträckläsa och att koncentrera sig till hundra procent. Men det är ju inte tal om att hon skulle befinna sig på något barnboksstadium, utan för mig är hon en intelligent kvinna som alltid tyckt om att diskutera livets små och stora egenheter och händelser med entusiasm och nyfikenhet. (Att Karin även är en fena på att skriva har nog inte undgått någon heller.)

En dag föll det sig så att jag sov över i Karins lägenhet, med hemresa dagen därpå. När vi satt vid frukostbordet kom posten, precis som vilken morgon som helst. Men vad ingen av oss visste om var att just denna dag skulle Karin nog ha kysst brevbäraren om hon hade vetat vilket brev han levererade till henne, en helt vanlig måndag i Karlstad.

Karin öppnade brevet, synade det upp och ner en bra stund och räckte sedan över det till mig. "Detta blir jag inte klok på, kan du liksom bara kolla," hasplade hon ur sig utan att röra en min.

Jag som är en passionerad polsk känslomänniska kissade nästan på mig, om jag ska vara ärlig. Brevet innehöll en utbetalning på nästan en miljon kronor – skattefritt – från Karins försäkringsbolag. Om man inte heter Kamprad i efternamn är ju detta en väldigt stor summa att bara få in sådär på kontot. Kunde det verkligen vara riktigt?

Längst ner i brevet fanns ett telefonnummer till en handläggare. Karin frågade mig om jag kunde ringa eftersom hon inte riktigt var i stånd till att göra det själv. (Och vem tusan hade varit det?). Det var nog rätt många tankar och funderingar som bosatte sig i hennes huvud vid just den tidpunkten. En sådan summa kan göra otroligt mycket för en människa som har ansträngd ekonomi. [*Till exempel bekosta en bostadsrätt på markplan med uteplats nära älven. Förf. anm.*]

Karin hade en tid hos sjukgymnasten att passa så hon tog en promenad dit. Hon visste nog inte riktigt hur hon skulle handskas med denna nya situation hon hamnat i.

När jag äntligen fick tag i handläggaren och fick veta att allt stämde och var i sin ordning, kände jag ett riktigt härligt rus i kroppen. Jag slet åt mig kläderna och tågade raka vägen till Systembolaget och inhandlade en flaska champagne. Klockan hade inte ens passerat ett. Men champagne, det skulle vi banne mig ha, tänkte jag.

Efter att de första reaktionerna lagt sig i takt med att bubblorna letade sig ner i våra strupar, sa Karin med en lite finurlig ton fylld av nyvunnen glädje: "Betyder detta att jag kan åka utomlands en vecka nu?"

Jag tittade på henne och sa: "Du kan göra vad f-n du vill nu, och du är den första miljonärskan jag faktiskt känner." Jag minns att vi skrattade rätt bra åt detta sanna påstående.

Tyvärr svalnade min och Kristoffers kärlek strax efteråt, men min vänskap med Karin har hållit sig kvar vilket jag är glad över. Hon har en så härlig syn på saker och ting. Ibland har jag väl tyckt att hon varit lite tossig, men en människa blir ju bara mycket färgrikare och intressantare så. Ingen vill ju vara en blek kopia av en gråsparv när man kan vara en påfågel.

Det är just så jag ser Karin, färgstark och väldigt speciell, och jag vet att hon alltid kommer att vara på det sättet, vilket hennes skada aldrig kan ändra på hur mycket den än skulle vilja.

Finaste semestern

Med ett litet leende på läpparna minns jag min finaste semester efter olyckan…

Magisk första kväll i Athen, färja över till Aegina då jag låg utslagen på en träsoffa och sov på däck. Nästa dag vaknade jag på morgonen i finfin bungalow, morgondopp i poolen, frukost på terrassen med utsikt över Medelhavet. Simmande i inbjudande turkosblått hav. Läsande deckare under solparasoll. Grekisk sallad och cola på stranden. Bjuden på bläckfisk, haj och svärdfisk på kvällen medan pinjedoften hängde tung över oss. Mojitos och paraplydrinkar, skratt, prat, sång och några tårar. Drack för många mojitos i baren så jag blev helt snurrig. Var i trygga händer, för jag blev hemskjutsad på vespa av gullig grekisk helikopterpilot i den mörka stjärnklara natten.

Höga berg som sluttade sakta ner mot havet där väderbitna fiskare och deras familjer åt från stora fat med grillade småfiskar, räkor och bläckfisk och rökte och drack retsina medan jag såg solen sjunka ner i havet. Smäktande Zorbatoner, hemlagad moussaka och rasslande stresskulor. Traditionella kaféer, fiskmarknad och hästskjutsar blandat med trendiga barer och boutiquer. Akropolis som verkligen är storslaget och historiskt så otroligt intressant. Snälla, gulliga och hjälpsamma människor. Underbart vackra brunbrända små människobarn.

Vilande i solstol under den mörka himlen medan vågbruset omslöt oss. Besök i klostret Agios Nektarios med bön, bikt och heligt vatten. Friterad bläckfisk hos bäste kocken på ön. Grekisk trubadur som sjöng bara till mig och som nästan fick mig att gråta.

Men även smärre incidenter...

Mitt bokmanus hamnade på botten av bassängen, och jag som skulle skriva färdigt boken i Grekland. Bokklubbsboken jag skulle läsa blev aldrig påbörjad! På hemvägen biljettkrångel så att vi knappt hann med flyget.

Men oj, oj, oj vad jag längtar efter Grekland och solens varma strålar och all den värme och glädje som finns hos människorna där!

Till Josefin

Du kom för en stund sedan och hälsade på. Du slängde dig ner i soffan bland alla kuddarna och somnade nästan på en gång. Ditt långa hår har ramlat ner över kinden och kudden. Du sover nu med djupa andetag.

Några solstrålar har letat sig in genom det smutsiga fönstret och skiner på dina slitna jeans och den ena strumpan har kanat ner så att man ser en bit av hälen.

En mamma och hennes dotter. Som i de flesta andra familjer men ändå inte.

Det har varit tuffa år sedan olyckan. Självklart var det omtumlande för dig, dina bröder och din pappa också. Men dina bröder hade ju redan flyttat hemifrån då det hände. Du bodde nästan fyra år hos din pappa sju mil härifrån.

Det är stunder och dagar som jag aldrig kommer få tillbaka. När jag tänker på det gråter jag nästan alltid och mitt hjärta håller på att gå sönder.

Kanske kan det här brevet få dig att förstå lite bättre. *Att jag är så himla glad och tacksam att du finns här hos mig. Att jag fick vara kvar hos er.*

Jag har saknat dig så mycket under de här åren. Jag har saknat när du kom hem från skolan och berättade sådant som hänt där och andra viktiga saker du varit med om.

Det har varit så tyst här i lägenheten och jag har önskat så många gånger att du skulle vara här hos mig. Du och dina kompisar och dina skratt. Det har varit så ensamt vid köksbordet på morgonen och ensamt i soffan på kvällen.

Jag har saknat dina kläder och saker som du kunde slänga överallt i lägenheten. Det kunde jag bli arg på då, men det skulle jag aldrig bli nu. Det är ju småsaker om man tänker på det vi har varit med om tillsammans.

Det är så mycket jag önskar dig. Att du får fortsätta ha kul tillsammans med dina kompisar. Att du och jag kan göra saker tillsammans som vi gjorde innan olyckan. Att du får ett arbete som du trivs med eller att du kanske börjar läsa igen. Att du mår bra och trivs med livet.

Jag vill att du ska veta att jag sitter bredvid dig och tittar på dig medan du sover och jag älskar dig så. Ända upp till himlen som dina bröder brukade säga när de var små. Du är hemma nu.

Mamma

Josefin: Mammas olycka

Fastän det snart är tio år sedan min mamma ramlade, så minns jag den dagen precis som om den var igår. Allt annat är ganska luddigt men just den dagen minns jag, för det var en dag som fick mitt liv att vändas upp och ner.

Jag gick i sexan och jag skulle just gå på höstlov, tror jag. Det var en vanlig skoldag, fast nej det var det inte, för plötsligt stod pappa och Kristoffer där och det hörde inte till vanligheterna. Jag blev så glad över att se dem, men det var så konstigt att de hade kommit en helt vanlig dag.

Pappa kommer och kramar om mig och säger att han behöver tala ett par ord med fröken. Jag lovar att gå ut till bilen, där Kristoffer sitter och väntar. Ååå, vad jag har saknat min pappa, *men vad gör han på skolan bara så där?!*

Lite senare i bilen berättar han att mamma varit med om en olycka, hon ligger på sjukhuset och det är dit vi är på väg, men först skulle vi hämta upp Johan. Jag tänker inte så mycket på vad han säger, jag är mest glad att jag är ute och åker bil med pappa och Kristoffer. Jag har väl inte riktigt förstått det som hänt än.

Vi var alla på väg och jag var på så bra humör, för jag fattade inte alls vad de menade när de försökte förklara vad som hänt. Jag är inte ens säker på att jag hörde, jag var så uppspelt och glad att vi var tillsammans och skulle göra något. Det var som att jag visste precis vart vi var på väg, men samtidigt inte.

91

Vi hämtade upp Johan på hans praktikplats och jag minns hur arg han blev på mig för att jag var så glad, nu när mamma låg på sjukhus. Men jag kunde inte vara ledsen, för jag fattade inget.

Jag har aldrig tyckt om sjukhus, men jag skulle snart lära mig att hata de vita hemska korridorerna. En sköterska visade oss vägen in till ett stort kalt rum, och där låg hon, min egen lilla mamma. Hon ligger alldeles stilla och det verkar nästan som hon inte andas. Mina tårar bara rinner, hjärtat bankar hårt i bröstet på mig och det känns som om jag ska svimma vilken sekund som helst.

Det är svårt att minnas allt i detalj, men mamma bara låg där och hon hade en massa slangar i sig, omkring sig och på sig. Jag minns inte riktigt hur det var, men jag har för mig att hon hade ett bandage runt huvudet och armen också, och jag minns en skymt av de fula gula sjukhusfiltarna.

Hon ligger så stilla och hon är alldeles vit i ansiktet, och hon kan inte höra mig. *Mamma, snälla lilla mamma, vakna nu!! Det är ju jag, Josefin!!*

Min älskade lilla mamma, hon som alltid brukar finnas hemma när jag kommer hem från skolan. Min fina lilla mamma, som jag tycker så mycket om. Det svartnar för ögonen, och jag känner hur allt snurrar och benen viker sig under mig.

Jag vet inte vad jag kände när jag såg henne, men tårarna bara forsade och jag tyckte det var så jobbigt att gråta inför Louise, vår granne, som också var där. Det var min tanke just då och där. Jag mådde illa, så pappa tog ut mig till väntrummet och där kräktes jag sedan. Vi satt där ett tag tills jag mådde bättre. Jag försökte kanske förtränga vad jag sett, för mitt i allt satt jag där och mådde rätt så bra igen.

Min mamma var medvetslös i fyra veckor. Alla andra gick runt och undrade hur det skulle gå för henne, om hon skulle vakna, om hon skulle hamna i rullstol, om hon ens skulle komma ihåg oss. Det vill säga om hon alls vaknade.

Så fort en sån tanke kom till mig så stötte jag bort den. Jag levde som vanligt, försökte sätta mig in i situationen, men det gick liksom inte, så situationen var inte så jobbig för mig, *för det känns som om jag aldrig fattade eller någonsin kommer att fatta det heller.*

Några dagar efter olyckan åkte vi till Uppsala, dit mamma hade flugits med helikopter. Jag minns inte så mycket, men jag minns att vi alla var där: jag, mina bröder, pappa, min moster, mina kusiner och min morbror. Vi satt i väntrummet och jag minns mamma ligga där, men mer minns jag inte. Minns inte vad jag kände. Tror inte ens jag var ledsen, för jag förstod inte.

Pappa tar mig i enrum och pratar med mig och till slut kommer vi överens om att jag måste flytta med honom till Storfors. Mamma kommer att bli kvar på sjukhuset länge, så hos henne kan jag inte bo. Jag vet inte vad jag vill, jag vill bara försvinna långt bort och glömma allt om olyckan, för jag är så himla rädd att mamma ska försvinna för mig. *Jag vill ha min mamma tillbaka!*

Några dagar senare åkte vi hem från Uppsala, då vi inte kunde göra mer för mamma just då. På en vecka packade jag ihop mitt liv i Karlstad och började mitt liv i Storfors. Det låter säkert konstigt att jag inte var helt förkrossad, men jag kände ingenting, eller så förträngde jag det så fort det kom till mig.

Allt som hände efter att jag flyttade till Storfors kändes så naturligt och rätt, inte alls som en stor livsförändring. För mig var det inte så farligt, jag bodde med min pappa, vilket såklart var en jättestor skillnad mot att bo med mamma, men det gick ganska så bra ändå.

Första gången som vi hälsade på mamma efter att hon vaknat och kommit till Karlstad igen var väldigt jobbig. Hon pratade så tyst och med en sån ynklig röst, och hon pratade om allt möjligt och svamlade, för hon var väldigt snurrig. Det var så många människor inne i hennes rum på en och samma gång och jag försökte verkligen att inte gråta, men det gick inte. Fast vi var glada att hon var så bra ändå, det kunde ha gått mycket värre!

Jag tyckte alltid att det var jobbigt att åka till mamma på sjukhuset för att hälsa på, jag ville inte alls dit. Jag ville hellre vara hemma och vara med mina kompisar. Det var ingen annan som var tvungen att spendera sina helger eller lov på ett sjukhus. Så för mig kändes det bara orättvist.

Såklart jag var glad att hon fanns i vår värld fortfarande, att hon inte dog den där dagen. Men varför just hon? Hon hade inte förtjänat det här på något vis. Jag ville inte prata om det som hänt mamma med någon. Jag ville bara vara ifred. Ibland saknade jag min mamma så otroligt mycket att det gjorde ont, och när jag låg i min säng på kvällen hände det att jag grät.

Hon är inte samma mamma idag, olyckan har förändrat henne på så många plan, men hon är den starkaste jag vet och på många sätt har hon även blivit en bättre person, om man kan säga så?

Det låter nog konstigt att jag inte ville hälsa på min mor och hjälpa henne på alla sätt. Man tror att när sådant här händer vill man verkligen ta vara på tiden och ta hand om varandra. Sådana tankar slog mig aldrig, för jag förstod inte vad som skedde omkring min mamma. Allt jag ville var att leva mitt liv med mina kompisar så normalt som möjligt.

Vi barn kanske inte hjälpte mamma på det sätt som hon behövde, för vi förstod inte hur sjuk hon var, det var inget som syntes eller märktes. Det var som om hon var den vanliga Karin, men nu skulle hon plötsligt ha en massa hjälp och uppmärksamhet. Det blev bara konstigt, för jag tyckte att hon ville att vi skulle hjälpa henne bara för att det var synd om henne.

En gång när jag var och hälsade på mamma på sjukhuset frågade hon om jag ville smaka på hennes juice. Jag har aldrig haft bacillskräck eller tyckt det varit äckligt att dela glas med mamma, men då kunde jag inte, jag tyckte det var äckligt. Hon var så ynklig där hon satt i sin rullstol och såg ut som en väldigt sjuk människa som man ser på stan. Hon var ju också en väldigt sjuk människa, men på något sätt kunde jag inte riktigt acceptera och förstå det.

Det är ganska jobbigt att veta att jag resonerade så, men det gjorde jag, och jag minns att jag tyckte det var jobbigt med närkontakt med henne när hon var sådär sjuk. Jag tyckte också det var jobbigt när pappa lämnade mig ensam med mamma på sjukhuset. Jag minns inte om det var ofta eller länge, men när han gjorde det kändes det som att jag blev så ansvarig för henne.

Då blev jag tvungen ha en relation/kontakt/dialog med henne. Jag kunde inte gömma mig bakom pappa. Det är klart att jag pratade med mamma när pappa inte var där, men det kändes mycket tryggare när han var med. Då var inte jag huvudpersonen utan han, och jag kunde vara med på lite avstånd.

Det låter säkert som att jag var hemsk, men att vara på en avdelning med en massa sjuka människor som satt i rullstol, och så min mamma som var lika sjuk hon, det var bara så *fruktansvärt läskigt.*

Att se någon som står en så nära, bara poff, bli sådär helt svag, det var jobbigt. Jag minns oftast bara pappa och jag på sjukhuset, jag kommer inte ihåg hur mina bröder reagerade på saker och ting.

Folk frågade så mycket om vad som hänt, de frågade hur min mamma mådde, och jag sa att hon mådde ganska bra. Om jag jämför hur hon var då med idag, kan jag bara säga att hon inte var i närheten av att vara bra då. Men det är inte förrän nu, många år efteråt, som jag eller någon annan förstått hur dålig hon varit. Och varje dag är det svårt att förstå att hon inte klarar allt som hon brukade klara.

Jag känner precis som mamma: ena stunden är jag glad att hon överlevde och beundrar henne för hennes styrka, nästa stund är jag så arg för vad den här olyckan tog ifrån mig, den tog en väldigt stor del av min mamma.

Det är så mycket som jag och min mamma missat som andra mammor och döttrar tar för givet. Hon kunde inte vara där och skjutsa mig till sportaktiviteter, hon kunde inte vara med på föräldramöten, lära mig om smink eller vara med och köpa min första bh. Det är inget jag sörjer över idag, jag klarade mig bra ändå. Men det är mycket tid vi har gått miste om som aldrig kommer igen.

Jag minns små korta snuttar runt mamma. En gång var hon på någon rehabklinik och vi i familjen åkte dit och hälsade på. Vi var ute och åt och allt gick jättebra. Sedan minns jag att vi var inne i en affär. Jag har ingen aning vad mamma blev så upprörd av, men plötsligt blev hon jätteledsen och började gråta och sprang ut ur affären. Vi fick jaga henne så att hon inte skulle försvinna för oss. Det var inte alls roligt där och då, så gör inte normala personer och det var konstigt att min lilla snälla försiktiga mamma gjorde så. Men nu i efterhand så är det faktiskt lite roligt.

Jag har några sådana där minnen, när mamma brusade upp, skulle iväg och slog sönder något. Hon var väldigt känslig och blev arg och ledsen för småsaker, så man fick passa sig hur man uttryckte sig. Det är också sådant som man blev rädd och lite ledsen för då, men som vi nu kan skratta åt tillsammans.

Mamma säger ofta hur hon kämpar för varje litet steg. Man kan inte tro det, för hon är så stark, positiv och utåtriktad. Och jag tror inte människor förstår, för de korta stunder de umgås med min mamma är hon på topp, det är inte förrän man umgås en längre stund som man förstår en liten bit av hennes liv.

Men hon är en kämpe på alla sätt. Hon har utvecklats så otroligt mycket och som sagt, hon är den starkaste personen jag vet. *Jag skulle aldrig byta ut henne mot någon annan mamma i hela världen, för hon är den bästa mamma man kan ha!!*

Johan: Till mamma

Det är lätt att tro att du har det mindre besvärligt än du har det, du är ju som vi vet väldigt bra på att dölja dina svårigheter, och det är lätt att tro på det man ser.

Men det jag vill att du ska veta är att jag *inte* skäms för dig och har aldrig gjort. Det finns gånger då du sagt lite roliga saker eller varit lite gränslös, men det har aldrig varit på ett dåligt sätt och bara blivit något man kan skratta åt senare tillsammans med dig, och åt det du sa. *Inte åt dig!!* Jag kan med lätthet säga att min käre far utsätter mig för långt fler grodor, utan någon som helst hjärnskada.

Det jag får en känsla av när jag läser det du skriver är att du förstorar saker, men jag kan förstå det, mamma lilla. Med det menar jag absolut inte att förminska att du har svårigheter, utan bara att jag skulle bli glad om du kanske kunde få lite mer distans till det. Men visst kan det vara tufft, verkligen, att glömma var man parkerat cykeln och glömma matkassen, etc.

Jag har aldrig avsiktligt retat dig. Det skulle aldrig falla mig in att vara lustig på din bekostnad. De gånger du har tagit det så ber jag om ursäkt för, då är det för att jag har uppfattat att du också tyckt att det var lite roligt.

Det händer nog att jag härmar dig och vissa uttryck du har, det gör jag för att jag tycker om dig och att vi får en närmare kontakt och att vi förstår varandra. Och att jag ser dig, inte för att försöka förlöjliga dig på något sätt.

Jag tycker om när du säger *"Jooooiiiii"*, det är därför jag säger så till dig, för att visa att jag tycker om ditt sätt, *för jag vill att du ska veta att jag tycker så jäkla mycket om dig! Du är stark, väldigt duktig och jag är stolt över att du är min mamma!*

Jag förstår att du har svårt att orka lyssna och jag skulle bli väldigt glad om du kunde säga: "Oj, *nu lyssnade jag inte ordentligt."* Det är så härligt när du hör vad man säger och när du svarar eller ger förslag eller frågar något mer, och det gör du alltid när du är "med", när du är utvilad eller det är lugnt och när du orkar lyssna.

Jag vill inte göra dig ledsen, jag vill inte att du ska försöka göra dig till för att "passa in" när vi pratar, jag vill att du ska kunna slappna av istället. Jag ska försöka komma ihåg bättre hur du har det!

Jag älskar dig.
Jag vill dig bara väl.
Du är underbar och rolig.
Du är snäll och omtänksam.
Du är smart och hänger med vad som händer i samhället.
Det finns ingen jag tycker det är så kul att prata med.
Du är den bästa mamman man kan ha.
Och du är min alldeles egen mamma.

Hej, kära bokklubbskamrater!

Vem har ordning på livet, inte är det då jag i alla fall!

Jag orkar inte komma, jag är så himla ledsen att mitt hjärta har gått sönder! Det har varit så många turer för att jag ska få lite hjälp, som jag fortfarande inte fått!

Min förra ledsagare var här sista gången i november och sedan har det varit på gång med en ny i nästan fyra månader. Tolv(!) kontakter med biståndskontoret har jag haft. Jag har varit på tre möten: ett för att avsluta min gamla ledsagare, ett för att samtala om vilket hjälpbehov jag har och ett för att träffa den nya, och så faller alltihop!

Att varje gång känna en förväntning på att nu kommer allt att bli bättre och sväva i det blå en liten stund. Drömmar kanske alltid faller platt till marken?

Min första gode man var duktig och engagerad men hon lovade mer än hon kunde hålla. Hon hade så många järn i elden och det hon skulle hjälpa mig med kom i sista hand.

Min andra gode man mådde inte bra själv och kunde sitta här och gråta, lovade att hon skulle komma fyra, fem och sex gånger men lämnade återbud hela tiden.

Min tredje gode man var en vän till mig, som är special-pedagog till yrket. Hon var bra på alla sätt och vis, lyhörd för alla mina önskningar och visade på möjligheter i alla omöjligheter. Tyvärr kunde hon inte fortsätta då hon fått mer att göra på jobbet.

101

Min fjärde gode man var duktig och ambitiös men hon pratade fullkomligt hål i huvudet på mig, så jag låg en hel dag efter att hon varit här. Sedan kunde hon inte betala räkningar, beställa en resa eller något annat på nätet. Då var jag ändå tvungen att be någon annan om hjälp.

Till slut blev jag så irriterad på min gode man, som var med på mötena om ny ledsagare och skulle föra min talan, för att hon inte kunde säga ifrån. Jag påtalade ju att den nya ledsagaren inte hade bil. Men hon ville inte lyssna på det örat. Hon sa att vi kunde söka färdtjänst!

Hur kul är det att åka en färdtjänstbuss med fem andra skadade/rullstolsbundna och plocka vitsippor och ha med sig en fikakorg? Jag som hade trott jag skulle få någon som kunde följa med till Strömstad eller Skutberget, så att jag också fick en chans att göra lite roliga saker.

Så nu har jag gjort slut med både min gode man och ledsagaren. Jag ooorkar inte försöka med några nya!

De på biståndskontoret har alltså hållit på ett halvår och hittills har jag inte fått hjälp att köpa en enda liter mjölk. Så här har det varit i åtta år, en massa jobbiga möten med olika människor från olika instanser, mail, telefonsamtal, förordnanden och beslut *men hjälpen kommer aldrig till mig!* Så nu är jag ensam och utlämnad i den här världen…

Andra utsatta människor får hjälp och samhället rycker in. Kriminella, alkoholister, narkomaner, misshandlade kvinnor, etc. Men för mig finns tydligen ingen hjälp att få!

Jag skickar med några utkast till boken. Vet att ni alltid har mycket på gång, men om någon ville läsa skulle jag bli glad. Kanske jag kan få lite respons till nästa bokklubbs-möte, då jag förhoppningsvis har kravlat mig upp ur vem-tror-jag-egentligen-att-jag-är-gropen och återhämtat mig en smula från alla försök att skaffa hjälp.

Om jag nu får ihop boken? Jag ger upp tre gånger i veckan ungefär men ändå fortsätter jag.

Idag fyller jag år. Kanske är en bra dag att ta hundratretti-åtta sömntabletter, slänga sig framför tåget eller hoppa från stenbron ner i älven?

Hej, Karin och alla andra

Jag vill bara hälsa dig, Karin: We don´t take no for an answer…

Du blir hämtad nån gång efter sex av någon/några…bara så att du vet. Du ska med om du så kommer i pyjamas…bara så att du vet.

Upp till kamp!!!!!!!!!!!!

Kina

Midsommarafton 2014

Det är midsommarafton, och jag står ute på balkongen och gråter. Det är inte för att det regnar, för jag håller ett grönt paraply ovanför huvudet. Det är inte för att jag är ensam, för jag är van att vara ensam sedan olyckan.

Jag gråter när jag ser små barn leka på gatan nedanför, för jag saknar mina stora barn så mycket. Jag har varit hemma från sjukhuset i nio år, två månader och tre dagar.

Vår lilla familj luckrades upp vid olyckan, när jag som mamma inte var där och höll i familjen. Jag skulle behövt vara med och trösta dem i deras sorg, men det kunde jag inte. Min roll som mamma förändrades i och med olyckan och det tog många år innan jag fungerade som mamma igen. Att inte ha förmågan att vara en duglig mamma, att i stället få känna på personlighetsförändringar som kort tålamod och aggressioner, det har varit tufft.

De ville ha sin gamla mamma tillbaka och fick en annan. Min policy har varit att alltid vara ärlig och berätta allt jag vet om det som barnen frågar mig. Men det som berör olyckan och sviterna efter den är det svåraste jag försökt förklara för dem. Många gånger har jag inte orkat förklara utan bara gett upp.

Att vi kunnat prata med varandra har varit vår räddning, men för att förstå mig var de tvungna att lyssna på mig och det ville de inte. Alla mina metoder kändes meningslösa, jag kände mig konstig och de uppfattade det så.

Jag har försökt att hålla samman familjen. Göra sådant som vi brukade göra tillsammans och att finnas där för varandra. Det är skönt att höra dem skratta tillsammans igen. Känns som om skrattet försvann vid olyckan.

Innan olyckan tyckte jag det var viktigt att se det positiva i vardagen, att visa min familj och andra närstående hur viktiga de var för mig och att ta vara på dagarna. Men hur långt ifrån varandra kan en familj komma innan den upphör att höra ihop? Vad gör man när familjebygget knakar i fogarna, när det man trott var permanent visar sig ändras genom en olycka och barnen sedan flyttar hemifrån. Vilket bräckligt bygge en familj ändå är.

När barnen bodde hemma var allt lättare. Nu kommer de och hälsar på från olika håll och vid olika tillfällen i sina liv. De har många i sin omgivning som är viktigare jag. Mina tre små hjärtan. Jag missade så många år med dem. När jag tänker på det gråter jag alltid. Gråter gör jag också när de skriver till mig och tröstar mig. Jag längtar ständigt tillbaka, men får njuta av minnena i stället. Det finns nog några änglar som skyddade barnen vid olyckan, precis som jag har skyddat dem i alla år förut.

Jag försöker pussla ihop familjen igen. Känslorna ligger så nära att de går i varandra: skratt, gråt och ilska. Jag vill minnas livet som det var. Jag trodde jag skulle vara den där mamman jämt. Jag sörjer fortfarande skärvorna av den familjedröm jag hade. Illusionen som sprack. Jag ville så gärna och försökte så mycket.

Det finns en sorts verklighet på Facebook som handlar om att ha en framgångsrik karriär och vara med på det allra senaste. Vad är det egentligen värt att du kravlat dig upp ur sängen efter en svår olycka, när du har en glassig värld runt omkring dig där alla är vackra och framgångsrika?

Ibland tänker jag att de familjer som har de största skrattgroparna utanpå är de som har mest mörker inuti. Att den där familjelyckan är ett pastellfärgat Instagramfilter, och kanske kommer de där lyckliga familjerna en dag att tvingas gå i terapi hos någon superduktig psykolog.

Jag känner att om jag bara skulle ångra en sak i livet så skulle det inte vara de äventyr som jag har missat, utan snarare att jag inte har funnits där för mina barn.

Egentligen vill jag bygga en koja i mörkaste skogen och stoppa in hela familjen i den, men det kanske de inte skulle gå med på någon längre stund?

Jag står kvar där ute på balkongen. Det har gått så många år. Det har regnat så många dagar. Mina kinder blir våta men det är ingen som ser. Så det gör ingenting. Jag dricker mousserande vin för att det är midsommar och då ska man mingla och vara glad, men jag är långt ifrån glad.

Vi skickar sms till varandra, min dotter och jag

Eter min olycka flyttade du till din pappa i Storfors. Du som jag levt tillsammans med under så många år.

Vid olyckan insåg jag att mer skoningslös än så här har tiden aldrig varit mot mig. Jag trodde jag skulle vara förberedd på att du skulle försvinna, men det var jag inte. Plötsligt var du bara borta.

Vid olyckan tappade vi bort varandra du och jag. Som om olyckan och all vår omtumlande kärlek till varandra drog bort oss från varandra i stället för att hålla ihop. Olyckan gjorde att vi fick så svårt att prata med varandra. I många år hade vi det så. Jag tror ingen av oss ville det. Det var bara så himla svårt.

Förut hade jag inte reflekterat över vår relation på annat sätt än att den var kärleksfull och bra. Jag har alltid tyckt att jag haft den finaste coolaste dottern. Men de senaste åren har varit tuffa och jag har på allvar undrat om vi skulle förlora varandra.

Bandet mellan mor och dotter är en av livets mest intima relationer och just därför den mest komplicerade. Jag tror det finns en djup identifikation, och att man speglar sig i varandra. Det gör att den både är underbar men också kan vara så svår och turbulent. Den omöjliga ekvationen att många föräldrar går och väntar på att få ett "tack", medan barnen går och väntar på ett "förlåt".

Alla mammor borde få uppleva vad det innebär att ha en dotter som säger vad du tänker innan du tänkt färdigt. Någon som hör hur du mår efter första hälsningsfrasen i mobilen. Någon som förstår dig utan ord.

Vi pratar nu. Någon gång i veckan ringer du eller skickar sms. Din röst är så mjuk och harmonisk i luren. Du berättar att du tittat på en lägenhet och undrar vad jag tycker. Långa funderingar och fnittriga samtal, i en svart blänkande mobiltelefon. Lyckliga svindlande glädje-stunder, långt ner i maggropen.

Då känner jag en stark samhörighet mellan oss, som om du vore liten och jag håller dig hårt i handen. Så för mig är det så himla stort. Dessa fåniga små samtal och sms.

Det här är värre än när jag lämnade dig på dagis första dagen och mycket ängsligare än när du första gången åkte buss ensam. Det är lite svårt att förstå, allt vad du får vara med om i Stockholm utan mig.

Allt är precis som det ska vara, ändå gör det lite ont längst inne i mammahjärtat att du inte finns här hos mig. Jag längtar ständigt efter dig. Varje vecka. Varje dag. *I hemlighet drömmer jag om att du alltid ska bo hos mig.*

De flesta mammor och döttrar har många år då de kan sitta vid köksbordet och prata. Då minnen, funderingar och skrattande ögon möts. Vi missade så många viktiga år, du och jag. *Känslorna virvlar runt i huvudet på mig, stoltheten över hur stor och smart och vacker och självständig du blivit.*

Jag skickar bilder på en stickad tröja när jag är på loppis. Varpå du ringer upp en stund senare och säger med skratt i rösten: "Den tröjan skulle jag vilja ha, kan inte du köpa den åt mig. Snälla."

Och jag blir sådär löjligt, barnsligt stolt och glad. Att jag får vara med. Att jag kan uppmuntra dig. Vi tycker lika, vilket inte är så konstigt, för vi har ju bott under samma tak under så många år.

Jag önskar att olyckan inte hänt och att du inte skulle behöva se mig så dålig som du fått göra. Jag önskar att så många saker var på ett annat sätt, men det vet vi båda två att de inte är. Du fick innan du var riktigt mogen för det tänka på hur din mamma mådde. Jag vet inte om det räcker att jag säger att jag är ledsen för det.

Det är först nu jag har förstått det på riktigt. Hur tufft det var för dig att ha en mamma som blev så svårt skadad.

Dina mörka ögon gnistrade av stolthet och glädje, när du berättade att du skulle sluta på universitetet och flytta till Stockholm, och jag tänkte: kära, älskade Josefin, vilken tuff liten tjej du är. Jag hoppas du vet hur innerligt jag älskar dig.

Jag skulle vilja placera mig i din ficka och följa dig genom livet. Men nu får jag inte längre följa med utan får stå och vinka hej då, när du åker på dina egna äventyr, men jag hoppas att du hör mig ändå.

Vi skickar sms till varandra nu för tiden, min dotter och jag.

God kväll, boknördar!

Jag kan inte komma i morgon kväll, för det har varit så mycket…

Det har varit en lång vecka, det har tagit mig åtta dagar att fixa grejer som normalt skulle ta tre. Jag ligger nu i soffan med mascaran vid fotknölarna och ska snart gå och lägga mig.

Allt förskräckligt händer just i sådana där ögonblick när jag tror att jag börjar få flyt i livet igen, när jag orkar hänga med och göra sådant som ni andra gör. När alla i familjen trivs och mår bra, när jag orkat träna, tvätta, städa lägenheten och köpa nya blommor. Och så händer det...

Johan hjälpte mig för en tid sedan att köpa en ny dator och förde över allt jag skrivit. Sedan en morgon när jag skulle sätta på var allt borta. Precis alla kapitel!!

Nu har jag krånglat med att försöka återskapa mina texter i månader, så att jag nästan blivit tokig. Den första datakillen lovade att komma. Vi gjorde upp tid, han kom inte och svarade varken på sms eller när jag ringde. Om och om och om igen. Jag fick tag i en annan som betedde sig ungefär likadant. Har nu äntligen fått hjälp av en tredje och det verkar som om han fått fatt i det mesta, även om en del är borta. Men allt är i en enda röra och alla kapitel är det bortåt 15 kopior av. Så jag vet inte om jag orkar längre!

Som om inte det räckte. Min onda arm har krånglat så att jag inte har kunnat träna på tre månader. Uteplatsen som jag tänkte glasa in har jag inte fått tillstånd till. Lämnade in en överklagan som jag efter fyra månader fått något luddigt svar på, varken ja eller nej, så jag måste skriva och fråga igen. Mobilen glappar. Min ansökan om ledsagare har jag också fått avslag på. Jag har överklagat och min läkare på neurologen har skrivit intyg, men sedan hade läkaren semester och det var jul och veckorna har bara gått och jag har inte hört någonting. Började ansöka i september!!

Idag damp posten ner med ett nytt avslag, men jag har just fått reda på att man kan överklaga själva överklagan! Det hade varit bra att ha någon att tillgå som även kunde hjälpa mig praktiskt ibland.

Jag vill att någon ska tala med mig som om jag var fem år. Klappa mig på huvudet och säga: "Det ordnar sig. Du kommer att bli bra. Din bok kommer att bli färdig." Men även en femåring förstår att det är lögn. Livet är så himla provocerande, för det existerar hela tiden och allting är både och på en och samma gång. Gränslös kärlek till livet och allt det jag älskar, och djupaste sorg över skadorna i en och samma stund. Och det enda jag kan göra är att fortsätta ta ett glas rosévin, måla tånaglarna rosa, lyssna på Lisa Ekdahl och skicka ett sms till barnen eller någon annan som mitt hjärta bultar för.

Så det är tungt nu. Det är ett steg fram och fem steg bakåt ungefär och jag känner mig så gråtig och uppgiven när jag skriver det här.

Det här är en perfekt period för mig att stanna kvar under täcket dygnet runt. Ring mig när vårsolen skiner, tussilagon börjar titta fram och jag börjar tro på livet igen...

Ett nytt liv efter olyckan

Ibland undrar jag vad som hänt om jag inte ramlat från balkongen. Ibland undrar jag hur mitt liv hade blivit då.

Jag förändrades för alltid och i grunden av olyckan. Tack vare professionell rehabilitering och observant och duktig sjukhuspersonal har jag blivit relativt återställd, men en hjärnskada är inget man lyckas vinna över.

I samma ögonblick som jag skrevs ut från sjukhuset tog vården sin hand ifrån mig. Just i den stund som olyckan och katastrofen blev verklighet för mig blev jag lämnad vind för våg.

De enda som såg mig i min bottenlösa förtvivlan var några nära vänner till mig och så Torunn, min fantastiska neuropsykolog. Deras tålamod, deras lugn, deras omtanke och trygghet hjälpte mig. Deras lappar med små omtänksamma ord, deras vänliga sms, deras inredningstidningar och färgglada presentpåsar med karameller och praliner.

I stället för att gå och gömma mig från mina baksidor, var jag tvungen att stå upp mot dem. Men hur hitta orken när allt man vill göra är att krypa ner i sängen och gråta.

Jag bestämde mig för att vägra skämmas för mina skador. För min ledsnad. För mina skavanker. Mina skador är också min största styrka på något sätt. Sorgen är ett slags kvitto på det.

Jag är trött på att låtsas att allt är bra. Jag är trött på att försöka vara duktig och stark. Och om du bara stannar upp en stund och tittar mig djupt i ögonen så ser du det. Jag är stark men hela jag är så fruktansvärt trött.

Ensamheten bedrar en lätt. Och jag har bedragit mig själv många gånger efter olyckan. Det fanns stunder då jag kände mig förtvivlat ensam, då jag låg med en kudde över huvudet och önskade att jag bara skulle försvinna. Jag hade behövt höra av andra som varit ute för en sådan olycka att det går att ta sig igenom. Att livet inte alltid kommer att se ut som det gör just nu. Det kom många nätter och dagar då jag inte trodde det.

Min självbild var beroende av vad andra tänkte och tyckte om mig. Vad jag trodde att de tänkte och tyckte om mig. Ju mer jag oroade mig för vad de tyckte och pratade om, desto värre blev det. En tillvaro så långt från champagne-frukostar du kan komma!

Så småningom insåg jag att det är endast jag själv som kan kravla mig upp ur den djupa gropen jag ramlat ner i. Så jag började bygga upp mig själv genom att fylla på med minnen från de gångna åren, små saker som gjorde mig gott och som jag växte av. Minnen jag behövde för att forma mig till den jag är idag. För varje sak jag mindes växte känslan att jag var någon. Att jag betydde något. Sakta började jag hitta tillbaka till mig själv. Den jag var. Den jag ville vara. Det känns som om det tagit hela livet att komma dit jag är idag.

114

Jag är stolt över vem jag är och den väg jag vandrat. Mestadels alldeles ensam. Människor som har låtit bli att höra av sig är nog de som förlorat mest. Deras lilla värld har krympt, för de vill inte ta sig tid eller försöka förstå.

Det finns bara du som varit ute för en sådan här olycka och så jag. Jag skriver för dig lika mycket som för mig.

Ibland har jag önskat att jag haft armen i gips eller gått på kryckor. Vad som helst, bara det synts på mig att jag var skadad. Det har varit jobbigt att träffa folk på stan som i bästa välmening kommenterar hur pigg man ser ut. Insidan har dolt något helt annat.

Att vakna upp morgon efter morgon med det bortflyende hoppet om att just den här dagen skulle bli en bättre dag, att jag var på väg att bli frisk igen! Psykiskt var jag körd i botten, alla besvikelser och alla uteblivna framsteg låg som en tung börda på mina axlar. Känslorna låg helt öppna och det kändes som om jag var hudlös. Förlamande hopplöshet är det svårt att prata om, själva problemet består just i att ingenting någonsin verkar kunna bli bättre. Finns inga ord för hur ledsen jag varit.

Det vore inte ärligt att säga något annat än att de senaste åren har varit en tuff period i mitt liv. Jag har gått från att vara social, utåtriktad och glad till att stundtals stänga ute omvärlden. Att inte kännas lika betydelsefull och få den bekräftelse som jag fick när jag jobbade och var en mor som tog hand om sin familj har varit en svår omställning.

För mig känns det som en utopi att få vara efterlängtad och efterfrågad.

Drömmen om att ingå i något slutade i en längtan som höll på att slita sönder mig. Jag längtar bort samtidigt som jag trivs bäst här hemma. Klockan slår, dagarna går och tiden springer ifrån mig.

Jag får ofta höra att jag är stark för att jag kämpat så och vill klara allt på egen hand. Stark för att jag försöker och vill klara mig själv eller stark för att jag vågar berätta om mina svårigheter för dig. Jag vet inte. Min dröm- och tankevärld präglas av lika delar förvirring och skärpa och en vild öm längtan efter att bli frisk på riktigt.

Det känns skönt att komma ut ur glasbubblan av utanförskap och ensamhet, ut till alla er andra. Att råka ut för en sådan här olycka är så otroligt ensamt. Det är det ensammaste jag varit med om i hela mitt liv. Jag tror att man måste stänga av känslorna när saker blir för svåra, annars blir man svårt sjuk. Tusen gånger berättade jag för andra människor om olyckan. Efteråt blev jag så fruktansvärt trött. Jag försökte alltid vara tusen gånger bättre än alla andra, mitt hjärta bultar när jag tänker på hur det var.

Tankarna vandrar iväg bakåt genom åren och jag funderar över alla människor jag har mött. Vi har alla olika bakgrund och skador men vi har mycket gemensamt också och har därmed funnit ett stöd i varandra. Många underbara människor har slumpmässigt korsat min väg.

Men inte så många, utom sjukvårdspersonalen, vågade fråga mig hur jag mådde.

Jag behöver inte ekonomisk hjälp, jag klarar mig för det mesta. Jag behöver ingen fysisk hjälp, eftersom jag oftast kan be någon hjälpa mig. Men ibland skulle det vara skönt med lite emotionellt stöd. Jag har behov av att någon berättar för mig att allt kommer att bli bra, när jag tvivlar och ramlar omkull. Kanske inte hela tiden men absolut i mina ömtåligaste stunder, i de ögonblick då jag inte ser någon väg framåt.

Nu, efter allt som har hänt mig, vill jag verkligen att någon håller om mig. Oavsett hur stark jag vill vara i slutet av dagen, önskar jag att någon ska ta mig i sina armar och bara hålla om mig.

Ett litet hopp finns kvar långt därinne om att jag någon gång ska bli frisk. Hoppet är skört, så jag släpper inte fram det så ofta. Jag är så rädd att det ska försvinna då.

Det är så mycket jag vill

Det tog många år innan jag blev så här bra som jag är nu. Nu kan jag själv bestämma vad jag ska göra med mina stunder i livet. Jag gör det jag vill göra. Och det jag klarar av att göra. Och det jag orkar göra. Många gånger orkar jag inte så mycket.

Jag försöker att ta vara på varje liten stund. Jag vill göra så mycket. Jag vill inte missa något. Jag vill ha så många fina stunder med familjen som det bara går. Samtidigt vill jag få tid att vara för mig själv. Att läsa böcker. Att skriva. Att måla akvarell. Att läsa poesi. Att lyssna på musik. Att resa. Att träffa mina vänner och göra roliga saker tillsammans. Att umgås med mina stora barn och att vara med i deras liv.

Jag lägger numera mina stunder på att leva. Dag som natt. Sommar som vinter. De stunderna är så himla värdefulla. Inga stunder man bara kan sudda ut. Ta vara på de där stunderna du också.

Du vet aldrig hur många stunder du får.

I botten på en gammal låda

Plötsligt, en dag när jag varit hemma från sjukhuset i många år, hittar jag i botten på en gammal byrålåda en ask med små hemliga lappar skrivna i vilsna stunder när jag var inlagd på avdelning 22.

Jag minns att jag tänkte att de här lapparna ska inte en enda människa i hela världen få läsa. De här lapparna ska jag slänga djupt in i skogen där ingen hittar dem.

Jag hade fått hjälp att beställa hem mina journaler från akutmottagningen i Karlstad, från Akademiska sjukhuset i Uppsala, från kirurgiska kliniken, från neurologiska kliniken, från dagrehab, från psykiatriska arbetsterapin, från Frykcenter och från hemtjänsten. Jag trodde jag ville veta allt som hänt runt olyckan.

Jag trodde jag ville veta namnen på dem som hade kört ambulansen, plockat upp mig från gårdsplanen, undersökt mig på akuten, skrivit remiss, transporterat mig till Uppsala, lagt mig i respirator, borrat hål i huvudet, opererat armbågen, tagit ställning, avvaktat, bedömt, haft sjukgymnastik med mig, skrivit journaler, ordnat med hemtransport, skött om mig på avdelningen, ordnat med hemtjänst. Jag läste så att det nästan svartnade för ögonen på mig. Svarta bokstäver på vitt papper. Jag trodde att jag skulle må så mycket bättre sedan, men hur mycket man än läser sina journaler kommer man aldrig att helt förstå.

Tiden

Herregud vad dagarna går i varandra…

Den ena dagen hakar på den andra och plötsligt är det onsdag och jag sitter i sängen och gnuggar sömnen ur ögonen, och när jag tittar jag ut genom fönstret är det svidande vackert därute, med en klar himmel som en blå bubbla över älven.

Elva år kan passera rasande fort, klockan som konstant tickar framåt för varje sekund. Samtidigt kan ett kort ögonblick vara i en evighet. Jag har försökt att förstå det där men det är fortfarande en magisk gåta…

Mina svårigheter idag

Det är svårt med det som kallas "lättare hjärnskada" för det märks inte så tydligt vad som inte fungerar. Det är så individuellt hur hjärnskador yttrar sig, inte ens läkarna kan förstå. Precis allt påverkas: balans, talförmåga, minne, koordination och, inte minst, psyket.

Därför är det svårt för vården att ge "lagom" mycket hjälp, man vet inte riktigt på vilken nivå stödet behöver sättas in. Det tar ofta många år att landa, men det varierar.

Rent fysiskt har jag återhämtat mig mycket. Vänsterarmen har begränsad rörlighet, men det är inget stort problem. Balansen och tröttheten är fortfarande det som är svårast.

Det är svårt att förklara för människor hur lite jag orkar. När jag träffar människor gör jag allt för att de inte ska se hur trött jag är.

Morgnarna är en lång förberedelse för hur jag ska klara dagen. Vad jag ska göra, vilka jag ska träffa, hur jag ska lägga in mina vilostunder, etc. Vilket innebär att jag måste välja bort roliga saker om min ork inte räcker den dagen.

Vissa saker är fortfarande svåra att hantera. Jag klarar inte när det blir för mycket av intryck och information, när det blir för stojigt och för många människor på en gång. Jag har svårt att koncentrera mig och hör inte riktigt vad du säger. *Mitt tålamod har tagit slut, vilka spännande hemligheter du än berättar för mig.*

Jag har tusen strategier för att få mitt liv att fungera så bra som möjligt, men ibland känns det som om jag inte har kontroll på någonting. Jag blir otympligare för varje dag och får koncentrera mig till max bara för att sätta på mig skorna. Jag kommer på mig själv med att pusta och stånka när jag försöker ta mig ur sängen, och jag skulle önska att en lyftkran lyfte upp mig och puttade in mig in i duschen.

När jag har legat och vilat är jag osäker på vad det är för dag när jag vaknar. När jag cyklar vet jag plötsligt inte vart jag är på väg. Jag är trött på att glömma var jag har ställt cykeln varje gång jag är i stan, så nu ställer jag den alltid på samma ställe. Min hjärna är så upptagen av allt runt omkring att den inte har tid att komma ihåg var jag ställt cykeln.

När jag pratar kan jag använda fel ord, ibland hittar jag inte något ord alls utan blir bara tyst. Jag hoppar från den ena saken till den andra hela tiden. Ibland ställer jag helt olämpliga frågor och vill veta allt om allt möjligt, men ändå fattar jag inte riktigt. *Så vägen mellan min hjärna och min mun är ibland olämpligt kort.*

Ett papper som skickats till Försäkringskassan returneras för att jag inte skrivit under ordentligt. Jag glömmer bort att säga grattis på födelsedagen till en kompis. Viktiga räkningar slarvas bort. Läkarbesök missas. Jag glömmer att jag ska ställa om klockan till sommartid. Jag glömmer att lämna in deklarationen. Jag glömmer att jag ska gå och prova ut glasögon.

Några barn som busar och springer omkring och leker, en moped som kör förbi, några tonårstjejer som skrattande cyklar förbi mig, en kille som åker skateboard, någon som klappar sin hund, två tanter som går in på ICA medan de diskuterar ett kakrecept. Allting som du kan sortera bort stannar kvar i huvudet på mig. Jag hör att du pratar, men jag klarar inte riktigt att höra vad du säger. Jag svarar dig säkert med några käcka meningar och skrattar kanske lite försiktigt, men ändå har jag inte riktigt förstått. *Jag gör det inte för att jag är dum, men mitt huvud fungerar bara inte som ditt.*

Jag vet inte vilken tid bussen går, vad det är för nummer på den och på vilken sida av torget jag ska stå och vänta och om jag har tur så ramlar jag inte när jag ska stiga av. Jag har, som du förstår, fullt upp med att hålla ordning på mina armar och ben.

Jag har ingen som helst koll på hur mycket pengar jag har på kontot. Jag krånglar till det när jag ska beställa och betala en tågbiljett till Stockholm. Jag måste planera min dag för att orka laga middag, samtidigt som hjärnan fortfarande funderar över vilken dag det var som Josefin skulle komma och hälsa på mig.

Jag vill planera saker som ska göras flera dagar i förväg. Jag brukar alltid komma i tid när vi bestämmer något. När du pratar med mig tycker jag det är trevligt, men jag kommer aldrig ihåg vad du heter om jag inte känner dig väldigt väl.

Jag kan ha frågat dig om en sak och sedan, nästan genast, ställer jag samma fråga igen. Nej, jag är inte dum i huvudet men jag har en hjärnskada. Det är bara så att svaret du gav mig försvunnit, så då måste jag fråga igen.

Jag måste återhämta mig efter den dagliga utmattning som det innebär att ha de här svårigheterna. Det känns som att springa ett maratonlopp varje dag.

Jag kan stålsätta mig i dagar innan jag sätter på en tvätt-maskin eller börjar dammsuga. Känner att jag borde klara av mer hemma. Men när jag börjar plocka in i kylskåpet och torka av diskbänken när barnen är här, så stoppar de mig. "Vi gör det, mamma, gå och lägg dig en stund." Jag vet ju att de säger så för att jag ska få vila. Jag smyger tyst iväg och känner mig oduglig och väldigt skamsen.

Mina svårigheter kan jag aldrig ta ledigt ifrån, hur ofta jag än önskar att jag kunde. Det går inte att med ord beskriva hur stor sorgen är av att ha en sådan här skada, att aldrig kunna ta bilen och åka och hämta min dotter vid tåget eller åka till Stockholm på egen hand.

Den gräns man når när man drabbas av en hjärnskada innebär många saker. Att jag hade en gräns blev för mig en bitter erfarenhet. Det blev en existentiell kris. Inte lika uppenbar för min familj och utomstående som hjärn-skadan i sig, men för mig är den lika avgörande. Den gör att livet upplevs fruktansvärt osäkert och kravfyllt, och jag måste på egen hand söka efter mening och sammanhang.

De sociala relationerna, där jag tidigare känt så mycket stöd och uppskattning orkar jag inte upprätthålla. Till och med relationen till mig själv, min motivation och inre drivkraft, är som bortblåst. En viktig del blir därför att återknyta till den inre motivationen.

Mina barn retar mig när jag måste fråga dem vad saker betyder. Ibland skäms de över mig, för att jag är lite långsam och har dålig reaktionsförmåga. *Jag tänker att jag måste bli frisk en dag, för det här funkar ju bara inte!*

Jag förstår inte instruktioner lika snabbt som andra. Ibland kanske någon har förklarat samma sak för mig många gånger utan att jag fattat något. Sedan kommer du, och jag förstår plötsligt på en gång. För mig handlar det nämligen inte om vad du säger, utan hur du säger det.

När du sårar mig känns det som om världen går under. Eftersom jag inte fungerar som du, så blir saker väldigt stora för mig och jag blir fruktansvärt ledsen. I många dagar.

Jag försöker handla när det är få människor i affären. Jag går där bredvid dig i butiken, men egentligen är jag inte där. Jag sätter den ena foten framför den andra och får koncentrera mig för varje steg. Och jag kan inte bestämma mig för om jag ska köpa ekologiskt kaffe trots att det är mycket dyrare eller om jag ska köpa blå eller gröna servetter till Kristoffers födelsedagskalas.

Det är skönt att ha diagnosen hjärnskada på papper, ett papper som ingen kan ifrågasätta. Jag har lärt mig att leva med min diagnos och min självkänsla blir bättre för varje dag, för jag har människor nära som tror på mig. Som ser mig.

Men har du någon gång tänkt på allt det som du inte ser? Du ser inte hur jag varje vaken minut försöker ligga steget före för att hänga med i allt som händer under en endaste dag. Du ser inte hur jag fullständigt bryter ihop hemma och gråter av trötthet och maktlöshet efter att jag har hållit ihop en hel dag ute i det tuffa livet.

När benen förvandlas till betongklumpar. När kroppen inte lyder. När du vill göra så mycket som andra gör men som du inte orkar eller kan. När du vet att du ska göra något viktigt, men inte minns vad. När mardrömmen är vardag för dig. Varje år. Varje månad. Varje dag. Varje timme.

Jag vet att du som inte har någon skada också har det svårt här i livet, för det berättar du för mig när jag förklarar min problematik. Att det minsann är jobbigt för dig också att gå på stan, men när jag går på stan och hela stadsmiljön är fylld av lukter, ljud och synintryck, och jag ska hitta till rätt affär, samtidigt som jag ska komma ihåg vad jag ska handla och bearbeta informationen jag fått av kassörskan. *Men självklart, det är jobbigt att gå på stan för dig också.*

Sedan har vi de snabba förändringarna. Visst, alla tycker nog att det är tråkigt när en vän ställer in lunchen en halvtimme innan ni ska ses. Men då kan allt bara svartna för mig och jag vill dra ner rullgardinen och säga upp hela livet.

Du ser inte sorgen i mitt hjärta när jag gång på gång inser att jag inte kan ha ett fungerande arbete och ett socialt liv. Du ser inte hur lycklig jag är när jag har en bra dag eller hur överdrivet glad jag blir över att enkla småsaker funkar för mig. Du ser inte när jag nästan varje dag går undan och gråter. Du ser inte hur fruktansvärt hårt jag kämpar i min vardag, hur lite hjälp och stöd jag får och hur min framtid hänger på hur mycket jag orkar kämpa och slåss.

Att tänka på som medmänniska

En hjärnskada påverkar alla i familjen och vänder upp och ner på hela livet. Man behöver någon som lyfter upp och bär en när benen viker sig och man inte vet åt vilket håll man ska gå. Mediciner kan aldrig vara surrogat för varma och mänskliga möten.

Människor blir osäkra när det händer svåra saker och vet inte hur de ska hjälpa till. Det blir väldigt tyst omkring en och telefonen slutar att ringa. Det blir många återvändsgränder, vägkorsningar och avgrundsdjupa gropar.

Jag tycker att människor som försökt hjälpa mig har varit så opersonliga och stela. Ett vänligt leende och positivt bemötande underlättar! "Hej, Karin, vad tycker du vi ska göra idag," vore en bra hälsningsfras så att jag känner att personen vill vara där och inte gör det pliktskyldigast. Att personen är positiv och kan inspirera mig att ta tag i saker och ting.

Min neuropsykolog Torunn fokuserade på mina positiva sidor i stället för att prata om allt det negativa, det som inte funkade. *Och se, nu har jag snart en färdig bok i handen!!*

Det finns en del saker som blir kämpigare för oss med den här diagnosen än de är för andra. Och andras brist på förståelse gör det än svårare. Men, brist på förståelse går att förändra om man är lyhörd, envis och verkligen vill.

Mina vänner har fått bevittna hur svårt det kan vara för mig att vara social och lyssna samtidigt som jag ska brygga kaffe och ta fram fikabröd. Det är för att den sociala biten tar upp så mycket kraft av min hjärna att det knappt finns någon kvar för att sätta på kaffebryggaren. Då kan det gå fel och det blir lätt kortslutning.

En person med hjärnskada har ingen förmåga att sortera bort oväsentlig information. Och allt har samma prioritet. Det vill säga, hjärnan får aldrig vila. Ett överlevnadsknep kan vara att helt stänga av, speciellt om man konfronteras med något jobbigt, vilket av omgivningen helt felaktigt kan uppfattas som brist på empati

Jag upplever det som att man måste vara väldigt snabb-tänkt för att kunna möta ett påstående eller skämt och säga något tillbaka. Jag behöver ofta någon sekund för att ta in det sagda. Som om jag behöver bearbeta det. Ibland går det för fort för mig, och då är det som gjort för miss-uppfattningar. Det är då det kan bli lite lustigt för andra. Jag brukar bjuda på det, fast det kan göra mig så ledsen.

Det är som om jag inte kan ta in allt som händer om en annan person är där. När jag är ensam kan jag göra vad jag vill utan att bli ifrågasatt eller störd. Vid rätt tillfällen älskar jag att umgås med vänner och släkt. För mig är det mycket viktigare med kvalitet än kvantitet. Varje gång jag upplevt en verkligt magisk stund i livet har jag varit för mig själv. Det finns en hel värld inuti oss som vi bara kommer åt att upptäcka när vi är ensamma.

Jag önskar att du kunde förstå att det finns bra dagar när jag klarar att gå till affären och andra dagar när jag utan anledning bara faller omkull. Jag är säker på att andra upplever mig som verbal och duktig på att föra mig i sociala situationer, men det är ju för att det inte syns utåt hur mycket kraft som går åt. Att umgås med andra kan ibland dränera mig fullständigt. Efteråt kan jag känna mig helt tom och måste gå hem och lägga mig. Det handlar aldrig om aktiva val, utan min kropp tar sina egna beslut och jag kan aldrig förklara varför.

Jag får ofta höra att jag inte ska haka upp mig på vad människor säger och gör. Men där du ser helheten ser jag detaljer och min enda chans att få till en helhet är att försöka få ihop den av alla små detaljer. Därför märker jag direkt när det du säger idag skiljer sig från vad du sa igår. Och när du tittar på mig på ett annat sätt eller har ett annat tonläge, så försöker min hjärna få ihop saker och ting genom att fundera över vad som förändrats.

Du måste förstå att jag före olyckan var ansvarsfull och duktig och att det är vad jag strävar efter att återigen bli. Att jag inte tar hand om disken beror inte på lathet utan på en oförklarlig orkeslöshet. Den lilla kraft som finns, kan handla om att ta mig från köksbordet till sovrummet.

Kräv därför aldrig en förklaring för plötslig orkeslöshet eller tårar, för det finns ingen. Det sista jag behöver är att känna stress över att behöva förklara mitt mående för dig. Hur ska jag kunna förklara det som jag själv inte förstår?

130

Minns din allra tuffaste dag. Tänk på hur du då skulle vilja bli bemött, vad du då behöver höra, och agera sedan så tydligt du kan, med ord, tonläge och kroppsspråk.

Ge mig din tid, ditt lugn och ditt tålamod. Det jag behöver är att du är försiktig med dina ord, känslor och tankar. Att du med närvaro och känsla lugnt hjälper mig att få ordning på allt som snurrar i mitt huvud. Och jag har behov av att du är löjligt tydlig. Stressa mig inte, för då låser sig allt. Låt mig få vara som jag är. Ställ inte krav på mig, för jag klarar inga krav. Ta ett steg tillbaka och ge mig svängrum. Då kanske jag kan hitta en plats där jag är känner mig hemma.

Sluta hoppas att jag får mitt gamla jag tillbaka och säg aldrig till mig att du önskar att jag kunde köra bil eller börja jobba igen. Det gör mig inte bara sårad utan får mig också att börja jaga mitt gamla liv.

Det jag behöver är att hitta ett nytt sätt att leva och där kan du vara en stor inspirationskälla och hjälp. Genom att sänka dina förväntningar och ha förståelse för att jag inte har samma förutsättningar som tidigare. Kanske är det först då som jag kan börja tycka om mitt nya liv. Det finns stunder då kraften inte räcker. Då känslorna bubblar ut genom kroppen och tårarna kommer. Försök komma ihåg att vi med hjärnskador lägger väldigt mycket kraft på att klara av vardagens små bekymmer, som du klarar av med vänsterhanden. *Så snälla, ge mig en chans att få vara med i livet, jag också!*

Min långa kamp

Att bli utskriven från sjukhuset, där jag fått hjälp med i princip allt, till att helt och hållet förväntas klara mig själv blev en omöjlig ekvation för mig.

Jag hade verkligen behövt en personlig assistent, men jag ansågs inte tillräckligt sjuk för det. Någon som hjälpte mig med det vardagliga, men framförallt någon som kunde leda mig genom tillvaron och som jag kunde fråga om saker jag inte förstod. Någon som kunde inspirera mig och ta tag i saker, då min egen initiativförmåga inte räckte till.

Jag har ingen manual över hur man gör när en sådan här olycka händer. Hur man gör så att det blir bra, bra för en hel familj. Det svartnar för ögonen när jag tänker på hur det var. Jag har svårt att göra mig fri från minnena, att jag möttes av så mycket oförstående. Jag har skrikit högt, gråtit av förtvivlan och slagits vilt för att få rätt sorts hjälp.

Det är svårt att veta vem som kan hjälpa. Vem som vill hjälpa. Vem som får hjälpa. Vem som har omtanke att hjälpa. Vem som har befogenhet att hjälpa. Jag valde att lita på människor som jobbar med sådana här saker varje dag. Jag trodde de visste hur de skulle hjälpa mig, men så var det inte alltid.

Om jag inte förstod vad som bestämdes över mitt huvud, hur skulle jag då värja mig mot alla beslut, alla människor och alla institutioner. Jag förstod inget, kom inte på vad jag skulle säga och nästan allt föll bort. Jag stängde av.

132

Jag har bråkat med biståndsbedömare och hemtjänst. Jag har bråkat med Försäkringskassan och Arbetsförmedlingen. Jag har bråkat med kuratorer och läkare. Jag har bråkat med gode män och ledsagare. Jag har bråkat med kontaktpersoner och coacher. Jag har bråkat med mina bokklubbskamrater och mina vänner. Jag har bråkat med min tvillingsyster och min f d svärmor. Jag har bråkat med mina barn och mina barns pappa.

Jag gick igenom ett slags kris som hjärnskadad, och jag var ursinnig över sättet människor såg på mig och hur de ville kategorisera mig i ett fack. Efter olyckan kände jag mig som apan i buren. Obehaget att alla var där och drog i mig och jag inget kunde göra.

Jag mår dåligt av att folk alltid ska bedöma mig. Ingen ska komma och säga till mig vad jag kan eller inte kan göra. Det har slutat med att jag har byggt många murar och fasader genom åren.

Jag är trött på att alla tror sig veta allt om mig. Därför har jag ett stort behov av att vara för mig själv, och är för det mesta ensam.

Jag har försökt att få rätt hjälp ända sedan jag skrevs ut från sjukhuset, men det har varit många svårigheter. Det är olika personer till varenda liten sak jag vill ha hjälp med, sedan tillkommer konstiga regler om vad olika människor får göra och inte.

Jag befann mig mitt i en hjärtskärande pågående tyst katastrof, som ingen människa ville tala om eller hjälpa mig ur. Jag svalde den sista gnuttan stolthet och försökte ännu en gång förklara för biståndsbedömaren vad jag behövde för hjälp. Efter förnedrande samtal och möten, veckor, månader av utredning kom det väl till slut ett besked.

Att varje gång känna en förväntan att allt nu ska bli bättre. I varje förväntan dog jag en smula. I varje suck gick jag vilse.

Det var på ett sätt fängslande att se hur ord byggdes upp som tomma luftslott och förflyttades, och betydde olika saker i olika sammanhang. Ord som försökte hjälpa mig i ena stunden, blev lite senare till något annat.

Det fanns ingen som helst plan, jag bollades runt mellan neurologen, vårdcentralen, hemsjukvården, kommunen, socialtjänsten, försäkringskassan, arbetsförmedlingen och psykiatrin.

Jag hade behövt någon att klamra mig fast vid. I efterhand är jag förvånad över hur jag klarade det alldeles ensam. Jag har fortfarande lite svårt att smälta att allt har gått så bra. Jag hade behövt någon som stöttat den ensamma och vilsna mamman. Jag måste ha varit dunderstark.

Mitt trasiga hjärta, mina högt ställda förväntningar och mina allra hemligaste kärnor av stolthet och skam var det ingen som såg.

Det som upprör mig är den handfallna sjukvården, där kunskapsnivån om sådana här skador verkar vara mycket låg. Jag satt månader efter jag blivit utskriven och förstod ingenting. Det var ju jag som var svårt sjuk och skadad, jag skulle inte ha blivit kringskickad och själv behövt leta information på detta vis.

Det är inte så många steg mellan dig och mig som du tror. Livet är skört och din trygghet är illusorisk. Och när du står där med nedböjt huvud och ber om hjälp kanske du i stället får ett slag i ansiktet. Det var många som stod med bortvända ansikten och låtsades att de inte såg.

Av läkaren fick jag höra min diagnos: traumatisk hjärnskada. Hon mumlade något om de många svårigheter och funktionsnedsättningar jag skulle få dras med. Inte en stavelse om de faktiska styrkor jag har. Att bli stämplad som ett hopplöst fall, det har nog varit det tuffaste!

Hur svårt kan det vara att inte bara måla med svarta penseldrag när någon precis fått sin diagnos? Hur svårt kan det vara att åtminstone nämna i förbifarten att det även finns styrkor? "Du är speciell. Vattnar och vårdar man dig rätt, så kan du blomma alldeles fantastiskt."

Det har varit så viktigt att ha rätt personer runt mig. När någon kommer som tar sig tid och bryr sig om på riktigt. Det ger energi. Jag minns hemtjänstpersonalen, som tittade med sådant ointresse på mig. Att ingen en enda gång frågade om min historia känner jag som en stor sorg.

Livet jag levde efter jag kommit hem från sjukhuset, det var inte ett liv värdigt någon. Det är som ett stort mörkt hål där oförstående människor var min vardag, och där människor inte försökte hjälpa till utan bara tittade på. Ibland känns det som jag redan har levt flera hundra år.

Att hjälpa en traumatiserad människa kräver en del. Att förstå en flashback och klara av att bli utestängd utan att ta det personligt.

Varenda gång jag talar om olyckan talar jag i krigstermer. Som om jag befann mig i fiendeland. Det har varit en strid om rätten att få definiera och försvara rätten till mig själv. Och kanske är det som skrämmer mig mest, när jag läser igenom mina anteckningar, den totala utsattheten där paniken står att läsa mellan varje ord.

Jag har ända sedan jag var liten fått höra att den svenska välfärden är helt unik. Att sjukvården är så fantastisk och att samhället tar hand om sina invånare på ett sätt som folk i andra länder bara kan drömma om. Men min tro på mänskligheten har minskat en del sedan olyckan, och min humana sida har fått sig en rejäl törn.

Du vet, ingen har någonsin sagt att jag kommer att bli bra...

Vill du ha hjälp? – Nej tack gärna!

Jag hittade en fackbok: *Vill du ha hjälp? – Nej tack gärna!* utgiven av Gothia Fortbildning. Den ger råd till yrkesverksamma om hur man kan stödja personer med adhd och Aspbergers syndrom, men mina erfarenheter visar att mycket passar bra även vid bemötandet av personer med traumatiska hjärnskador.

Författarna framhåller bland annat:

Att ta emot hjälp kan vara svårt om man har en funktionsnedsättning och det kan vara nästan lika svårt för den som försöker hjälpa.

Att ta emot hjälp i sitt eget hem eller behöva stöd med sådant som andra klarar kan ge självkänslan en knäck. Risken finns att laddade och kränkande situationer uppstår i mötet mellan människor med funktionsnedsättning och dem som ska hjälpa. Det krävs lyhördhet, ödmjukhet och en beredskap att be om ursäkt, om man begått ett misstag, för att vinna tillbaka förtroendet.

För att stötta någon bör man först läsa på om diagnosen. Sedan måste man lyssna in vad den hjälpbehövande önskar. Man måste också tänka på hur man pratar. Vi tror att vi kommunicerar bra men pratar ofta för mycket, utan att tänka på att den hjälpsökande ofta har problem med uppmärksamheten och svårigheter att se sammanhang.

Det är svårt att få andra att förstå att man behöver stöd när man så tydligt klarar det mesta, att man kan vara så kompetent och samtidigt inte fatta hur man ska betala en räkning.

Hur besvärligt det kan vara att komma i tid till möten eller planera dagen. Det kan också vara knepigt att handla mat, följa recept eller komma på vad man ska laga till middag.

Myndighetskontakter är svåra, med krångliga blanketter och knappval på telefonen. När man ringer vet man inte hur mycket man ska säga. Ska man försöka förklara för dem att man har en funktionsnedsättning?

Det är viktigt att den som hjälper är medveten om att det inte ingår i rollen att uppfostra. Är man gäst i någons liv krävs att mötet blir värdigt.

De verktyg som professionella kan använda för att skapa trygghet är förutsägbarhet, rutiner och tydlighet. Att ställa öppna frågor ger möjlighet till inflytande för den som får hjälp, men det är viktigt att erbjuda svarsalternativ för den som har svårt att fatta beslut.

Ta dig tid att verkligen förstå personen. Var konkret.
Se det som fungerar och bygg vidare på det.
Fråga uppriktigt om personens önskemål.
Basera hjälp på vardagen istället för att titta bakåt.
Håll avtalade möten. Sammanfatta alltid i slutet av mötet.
Fråga om du inte förstår.

Suddiga minnen

Jag bär på vimmelkantiga minnen som är så suddiga och nötta att jag inte kan avgöra om de är mina eller någon annans. Om de är sanna eller inte. Jag försöker ersätta ett långt liv med förlorade minnen. Vissa passerar som små skrattgropar och andra får mig att vända ned blicken.

Jag måste försöka pussla samman dessa minnen med mina andra minnen, så att de på något sätt ska ge mig några före-olyckan-dagar. Ett lapptäcke av olika bitar. Somliga har jag pusslat ihop och en del minns jag, andra minnen har jag fått berättat för mig och ytterligare några har jag hittat av en slump i botten på en gammal byrålåda.

Många gånger skulle jag vilja plocka fram ett fint minne, putsa av det så att det blänkte, för att sedan tillåta mig att minnas den stunden. Det vore fint om jag hade förstått att alla vardagliga händelser och ting skulle bli skimrande minnen, vilka jag nu använder för att bygga upp mitt liv igen. Jag har många minnen som värmer mer än en kopp kaffe en kylig eftermiddag i oktober.

En lapp som Johan skrev till mig måste vara den sista innan jag ramlade. När jag tittar på den blir jag nästan yr. Jag ser på lappen i min handflata och minnena strömmar fram. *En enda skärva av det där lilla minnet fyller mig med en sådan omtumlande glädje över det som varit och en sådan sorg över det som aldrig blev.*

Alla dessa småsaker som påminner mig om hur livet var, men som jag absolut inte hade förstått hur värdefulla de skulle komma att bli. Skrivna lappar, foton, brev, små smycken och fina stenar. Nu, när jag förstått hur viktiga de var att spara och sätta värde på, var mycket undanstädat och borta.

Det händer att jag sätter mig och plockar bland dessa för mig magiska ting. Som mitt slitna gula nattlinne och Josefins röda hårband. Hennes blommiga klänning från när hon var liten flicka. Jag håller klänningen försiktigt mot näsan och längtan rullar över mig. Kristoffers röda plektrum och mina älsklingsjeans som nu är för små. Tre gula häftstift i en liten ask och en fin sten från kusten. Några snäckskal och mjuka små fjädrar. Mitt rosa armband och ett guldhjärta jag fick av en kille en gång.

Jag har förstått att jag måste stoppa de finaste minnena längst in i mitt hjärta och plocka fram dem när jag som mest behöver dem. Allra längst därinne har jag en minnenas skattkammare som bara jag har nyckeln till.

Jag har försökt återge de fina minnena, de andra minnena är så långt borta att du aldrig kommer att hitta dem. *Och en del minnen kanske fördes bort av vinden, den där dagen när jag ramlade.*

Om sorg

Timmarna och dagarna och månaderna och åren gick. Förståelsen började sakta krypa in och den sorgen var bottenlös. Ilskan bubblade upp, ledsenheten trängde sig på och min längtan och saknad efter barnen var hjärtskärande. Önsketänkandet att allt skulle vara som det var innan var ständigt närvarande.

Vi hanterar vår sorg på olika sätt. Jag förstår att man oftast menar väl när man talar om för en person i sorg hur hon bäst ska hantera sorgen. Men det landar ofta fel. Jag ville jobba mig igenom sorgen. Vrida och vända på den, men ändå acceptera att den tog plats. Jag ville tillåta mig att känna ilska, ledsnad men också små korn av lycka i mörkret.

Jag ville ha sorgen för mig själv och ta hand om den på mitt eget sätt och gråta floder av salta tårar utan att någon var där och frågade saker jag inte förstod eller ville prata om. Jag behövde bli lämnad ifred tills den mest blödande sorgen var över och jag kunde börja släppa fram små bitar av den.

Om jag blir sedd i min sorg, kan jag också läka såren. Jag kan långsamt ta mig tillbaka till livet, även om jag aldrig blir den jag en gång var. Men det jag har lärt mig är att jag endast tillsammans med andra människor kan närma mig livet igen.

Jag kan ta hand om min sorg i dag. Nu vet jag att sorge-processen aldrig riktigt tar slut. Förut kunde jag stänga in mig och gråta dygnet runt. Det händer fortfarande att jag blir ledsen, men efter en stund hittar jag på någonting. Jag håller andan och försöker tänka på något kul som jag ska göra. Det är som om mitt intellekt säger mig att jag inte kan vara deppig. Jag har det för bra. Jag har familj, vänner och en liten lägenhet som är bara min.

Jag vet bara att med livet är det så, att vill man leva det fullt ut så är det oundvikligt att det händer svåra, sorgliga saker. Alla får vi vår beskärda del av katastrofer, men jag tänker att man ändå överlever. Det är tillåtet att vara ledsen, skadad och förtvivlad. Det vardagliga livet kommer åter och det är en tröst när förväntningarna om lycka håller en sömnlös om natten. Snart nog får man sopa upp krossade drömmar och slänga dem på soptippen. Ja, det är en tröst att det kommer fler dagar. Lyckade, miss-lyckade eller bara helt vanliga grå och kalla måndagar.

Vi människor bär på svarta, tunga sorgestenar. En barlast som vi inte längre behöver, när vi tagit vara på det väsentliga i sorgeupplevelsen. Men där finns också sorgens kärna. Se så den gnistrar, det är den finaste biten av sorgen. Den ska du aldrig göra dig av med, den behöver du för att förstå andra. Den liksom lyser upp dig inuti.

142

Ett gammalt och ett nytt liv

Det finns någonting inom om mig som fortfarande längtar tillbaka till livet som det var innan. Kanske skulle jag tagit vara på dagarna mer, om jag vetat om vad som skulle hända. De vanliga dagarna försvann med olyckan.

Ni andra fortsatte att leva era liv som om ingenting hänt, medan jag såg mitt liv gå sönder i tusen bitar. Livet som låg framför mig kändes svindlande stort och livsfarligt.

Jag försöker verkligen minnas fina saker och tänka goda tankar, men ledsamheten vet jag inte vad jag ska göra av riktigt, den kommer nog alltid att finnas kvar där i bakhuvudet. I månader och år har jag väntat på att känslan ska gå över, att jag ska sluta vara så förtvivlat ledsen. Jag har läst att man faktiskt kan dö av att vara så ledsen.

Men jag tror att det är som när man sitter och gråter med någon och tycker allt är för jävligt, men sen orkar man inte vara ledsen längre. Istället börjar man skratta åt alltihop. Många känslor som kommer och går. Stora. Små. Rädda. Ledsna. Modiga. Svaga. Tokiga. Vilda. Ömma.

Jag håller mig gärna för mig själv, för jag orkar inte med andra människor på samma sätt. Jag tror att man är så ömtålig efter en olycka att man måste gå igenom ensamma perioder. Jag är lite rädd för att möta nya människor och osäker på om de vet vad jag varit med om. Jag förväntar mig inte att någon ska förstå, men är tacksam över dem som orkar vara med mig och lyssna.

Ibland är det helt enkelt läge att inse att jag hamnat i en återvändsgränd. Det är ju mitt liv och jag vill ju klara av det själv, men ibland gör jag inte det och får ett mindre inre sammanbrott!

Jag skulle vilja ha ett kreativt arbete, ett fint förhållande och bo på landet i ett fint litet hus med trädgård och lummig berså. En röd snabb bil skulle jag vilja ha för att själv kunna susa iväg på olika upptåg.

Inte att en ledsagare ska planera in och följa med mig till IKEA och sedan ska det skrivas papper i tre exemplar, så att hon får sina pengar för att hon följt med.

Jag har alltid omgivit mig med kärleksfulla ting, men nu har det känts viktigare än någonsin. Varje dag påminner de mig om att våga känna tillit, fortsätta sprida kärlek och vara snäll med mig själv, oavsett hur livet ser ut i övrigt.

Självklarheten jag föddes med verkar ha försvunnit helt. Magkänslan som jag inte vill lyssna på överröstas av oro för att inte vara som andra. Att jag ska stå skadad, dum och ensam kvar på busshållplatsen.

Jag sviker mina egna ideal, och det värsta är att jag inte ens tror på mig själv längre. Jag säger till alla andra att de är så duktiga, charmiga och duger precis som de är, men suckar tungt när jag tänker på mig själv. Jag behöver inte ett endaste tips till om hur jag ska bli bättre och friskare. Det räcker nu. Jag orkar inte mer, jag har krånglat nog med mig själv.

Jag vill vara försiktig och försöker hålla mig ödmjuk till vad som händer och vilka nya steg jag tar. Jag hoppas att få komma in i nya sammanhang och träffa nya människor. Jag vill inte prata om hur mina drömmar ser ut, för livet är inte riktigt så. Det finns en vardag för allt och för alla.

Jag förstår mig inte alltid på livet men jag behöver inte förstå allt. Jag försöker luta mig tillbaka och betrakta det med glimten i ögat och kanske se att livet börjat återvända. Det finns så mycket därute och jag vill också vara en del av det.

Efter alltför många år i hjärnskadebubblan tillåter jag mig nu att simma i en bubbelpool av: Biobesök. Pubkvällar. Boklubbskvällar med pinglorna. Stockholmsweekend. Träffar med söta dottern. Skogspromenader. Skrivande långt in på småtimmarna. Bakluckeloppis. Vattengympa. Nattligt bokläsande. Styrketräning. Akvarellmålning. Morgonsim på badhuset. Musik. Konstutställningar. Lycka nu: en påse gräddkola, ett glas vitt vin och en dikt.

För första gången på länge tycker jag det är så roligt att jag klarar av att göra så mycket. Men jag kan också bestämma mig för att just därför går det lika bra att drälla omkring barfota i min lilla lägenhet i rosa mjuka plyschbyxor, älsklingströjan, och utan mascara och läppglans.

Det är så enkelt och så svårt att lita på och tro på sin förmåga och inte vara så rädd för att andra inte ska tycka att det jag gör är bra. Jag vill bli modigare och våga chansa.

145

Livet blir så mycket enklare om jag fokuserar mera på mig själv och mindre på alla andra.

Vi tror att vi kan kontrollera vår tillvaro, men plötsligt går livet sönder. Jag har verkligen försökt ha kvar en fot i den riktiga världen men har gett upp och nu låter jag böcker och drömmar omsvepa mig för det mesta.

Men jag börjar så smått hitta tillbaka till det jag tyckte så mycket om, små saker att hänga upp dagarna på. Kreativiteten flödar och bilderna och texterna flyter fram på papperet. Där, vid köksbordet, mellan hjärnan och handen händer det någonting. Äntligen har jag kommit loss! Jag vill dansa och sjunga, virvla omkull och resa mig upp i en dimma av omsorg och kärlek.

I nästa sekund är jag i verkligheten igen. Några bilder har mörka kanter och jag minns den långa krokiga vägen.

Det är ett tufft jobb att hitta tillbaka till livet. Det är enormt slitsamt, väldigt inspirerande, och jag förväntar mig att det ska bli ett fantastiskt liv. Men samtidigt är jag skiträdd, förstås. Det tar tid att lära sig att tro på sig själv igen, att tycka att man duger och inse att det finns saker som man också är bra på.

Jag kommer att kämpa vidare. Jag kommer att ramla omkull igen. Jag vet att det är en del av livet.

Så sträck nu på ryggen ordentligt, Karin. Du har kämpat så himla hårt. Du är tuff. Du är grym. Du är dunderstark. Jag kommer alltid att heja på dig. Alltid.

Jag har ljugit mig blå

Många stunder och ögonblick av vildaste förtvivlan. Det var som om jag befann mig mitt emellan två världar, i en dubbel verklighet. Jag vill inte. Jag vågar inte. Jag förstår inte. Jag kan inte. Jag vet inte hur man gör.

Efter olyckan var jag rädd för allt. Rädslan förvränger verkligheten. Det som är så läskigt med den är att den kan dyka upp när som helst. Den kunde födas ur något så löjligt som en blick eller en elak kommentar och sen spred den sig ut i mitt liv. Jag brukar säga att jag var hudlös och tog åt mig av allt. *Men att vara rädd har varit min största källa till mod. Ty bara den som är rädd behöver vara modig.*

Jag har nu bestämt mig för att våga möta livet igen. Jag är där nu. Jag är inte så rädd längre. Nu vet jag hur mörkt det kan vara. Mörkret skrämmer mig inte längre. Alla konstiga tankar och föreställningar jag haft.

Minnena från olyckan och sjukhuset vilar nu lugnt i bakgrunden. Jag har fått bestämma mig för att leva ett bra liv, trots mina skavanker och allt som ställs på ända varje dag.

Jag har ljugit mig blå för att behålla något slags värdighet i den här utsatta och eländiga situationen. Det är klart att jag inte ljugit medvetet, jag har bara försökt förklara saker och ting på ett sätt som i min värld har varit rätt. Hjärnan konstruerar alternativ till det vettiga att säga och göra i en viss situation. Just då verkar det dessutom helt logiskt. Det handlar om att gömma en hemlighet emellan orden.

"Jag heter Karin och jag har en hjärnskada." Det var första gången jag sa orden högt. I tvättstugan, omgiven av två äldre damer som sorterade tvätt, erkände jag något som jag lyckats förneka för mig själv under så lång tid.

Tårarna stiger i mina ögon. Jag får blinka några gånger för att få dem att försvinna, de där orden jag inte vill säga, de där orden jag nästan inte har sagt en enda gång sedan jag blev utskriven från sjukhuset: att jag har en hjärnskada.

Vi vet, säger mina vänner som jag kan ha en öppen dialog med. Vi gillar dig ändå, men kom till saken. Att du har en hjärnskada är ingen ursäkt. Det är något befriande i att de säger så, att jag kan kommunicera med dem utan att vara varken charmig eller speciellt påläst. Bara vara jag. Den bästa rehabiliteringen för mig är att bli efterfrågad och lyssnad på.

De första åren behövde jag en stor dos trygghet, balans och harmoni. När man har varit modig och tagit smärtan och kommit ut på andra sidan blir saker mindre laddade. Jag vågar mer nu.

Jag kan ju inte strunta i livet bara för att det är läskigt att gå ut genom dörren.

Slutord

Tusen tack för allt stöd jag fått, även om jag många gånger inte var mottaglig för hjälpen. Nu vill jag säga förlåt till dig som jag sagt något dumt till och varit arg på. Det här är väl ett slags försoningsbok, att jag ska försona mig med livet. Det känns som att jag nu äntligen har gjort det. Det var så här det blev. Jag har förlorat många år på grund av olyckan. Men varje dag tänker jag att jag är tacksam för att jag överlevde. Att jag kan skriva och berätta för dig.

Jag har försökt att skriva noggrant och att välja mina ord. Jag har vägt och siktat – men bara det som jag har velat berätta, utifrån hur berättelsen om min olycka bäst kan komma fram. Jag är medveten om att jag rundat några hörn i min berättelse.

Från djupet av mitt hjärta önskar jag att du som kämpar i motvind ska finna tröst och kraft i det jag skriver. Genom att berätta min historia hoppas jag att du kan känna igen dig och hitta din egen styrka och på så sätt få modet att följa ditt hjärta och gå vidare och läkas.

Jag önskar av hela mitt hjärta att du får den hjälp som just du behöver. Din rätt i samhället är lika stor som min. Vi har varit tysta alldeles för länge. Jag står upp för just dig, då många av er inte klarar att stå upp för er själva.

Du kommer kanske aldrig att läsa det här, men jag måste bara ge dig en gnista av en dröm som förhoppningsvis går i uppfyllelse. En insikt om att livet är värt att kämpa för.

Livet blir bättre! Jag lovar dig det. Jag önskar innerligt att jag kunde hålla dig i handen och följa med dig som en stark storasyster, alltid vid din sida.

Det jag hoppas mest av allt, både för mig själv och för dig, är att vi när vi blir gamla ska kunna se tillbaka på livet med orden: "Ingen ska kunna säga att jag inte fick ett bra liv ändå."

Livet är så magiskt, märkligt och i ständig förändring. Så varför inte stanna en stund och se de små mirakel som sker framför näsan på oss varje dag.

Den här dagen har så mycket att ge, och det är upp till dig och mig att göra det bästa av den. Solen skiner från en blå himmel, det kommer att bli en superbra dag. Det hänger bara på vad vi gör av den och vart vi vill rikta våra tankar. Jag vet vem som får mina tankar idag.

Jag lägger nu ifrån mig pennan och blocket, samlar ihop alla mina papper, släcker lampan i fönstret och lämnar fortsättningen till dig.

Jag har lagt ut hela mitt hjärta och hoppas att du inte trampar för hårt på det. Och så hoppas jag så klart att mina ord har berört dig på något sätt. Det var i alla fall min önskan.

Med all min kärlek

Karin

Tack

Oändligt mycket kärlek till mina älskade barn: Kristoffer, Johan och Josefin. Jag älskar er ända till himlen. Hoppas boken kan sudda bort den osynliga vägg som ibland kan finnas mellan oss.

Tack, Magnus Bjerge, för att du tog hand om våra barn på allra bästa sätt vid min olycka och nu efteråt.

Jag vill även tacka mina fina och kloka vänner, Margareta Fagergren, Petra Westerling och Louise Lundgren (i sin stjärnbeströdda himmel) för att ni fanns där för mig efter olyckan och gjorde min tillvaro lättare.

Och inte minst ett varmt tack till Torunn Engloo, min helt underbara neuropsykolog, som med sina inspirerande samtal fick mig att våga börja skriva om olyckan, då skrivarplanerna fortfarande låg bekvämt tillbakalutade i hängmattan.

Jag vill också tacka min kurator Gunilla Ohlsson, som stått för trygghet och stöd i många år, liksom min jätteduktiga och engagerade läkare Kristina Lindgren.

Stort tack till Kina Jönsson, Barbro Larsson och Ulla Rung för många stöttande samtal om livet, i stort och i smått.

Tack även till Jonas Bergergård och Bosse Levin, som fick mig att förstå att jag kunde, när jag själv inte trodde på det.

Ett systerligt tack till Lisbet Malmström, som gav mig lite struktur i mitt skrivande. Du har lärt mig allt om att skriva, utan att själv veta om att du har gjort det.

Tack till mina nyfunna författarvänner, Birgitta Renström Linde och Anna-Lena Rudberg, som uppmuntrat mig, läst och gett mig respons på mina texter.

Ett särskilt tack till Bengt Byström, som korrekturläst och redigerat mina texter och hjälpt mig med utgivningen. Utan dig hade det nog aldrig blivit en bok.

Tack också till Håkan Alm som alltid ställer upp och kör mig dit jag vill, och till Carina Käck som behandlar mig med kraniosakral terapi.

Till sist vill jag tacka mina snälla vänner Peggy Lund, Siw Peistorpet och Ann-Sofie Söderberg för plåster, huvud-värkstabletter och andra livsnödvändiga saker. För många tokiga stunder och glada skratt långt ner i maggropen.

Många tack till mina älskade föräldrar och alla andra kära på jorden och i himmelen.